めんどくさい人の取扱説明書

人間関係がラクになる58のコツ

心理学者
内藤誼人

きずな出版

まえがき

めんどくさい人との接し方には「勘どころ」がある

基本的に、世のなかの人はみな、いい人たちばかりである。おそらく圧倒的多数の人が、善人であろうと思う。

ところが、ごくまれに、つき合うのがとてもむずかしいタイプの人もいる。

性格がひねくれている人もいれば、なにをいっても悪く解釈するような人もいる。すぐに怒るので、それをなだめるのに苦労するなど、つき合うのがこの上なくめんどくさい人もいる。

世のなかの人は、みな善人ではあるものの、もしそういうめんどうな人に運悪く出会ってしまったら、どのようにおつき合いするのがよいのだろうか。

「『君子《くんし》、危うきに近寄らず』っていうくらいだから、めんどうな人となんて、つき合わなければいいんですよ」

そんなふうに単純に割りきって考えることができる人もいるかもしれないが、

そうはいっても、同じ会社であるとか、となり近所に住んでいるとか、「どうしてもつき合っていかざるを得ない」状況など、いくらでもあるだろう。

本書は、そういう「こまった人とのおつき合い」に悩まされている人に向けて執筆した。

めんどうな人とのつき合いが避けてとおれないことのほうが多いことを考えると、そういう人とのつき合い方も真剣に考えておかなければならない。そのためのマニュアル（取扱説明書）として、本書をぜひ利用していただきたい。

また、かりに現在のところ、人間関係にはあまりこまっていない人でも、将来もずっとそれがつづくかどうかはわからない。

何年かあとに、ものすごくつき合うのにめんどくさい人に出会ってしまうかもしれない。そんなときのために、あらかじめ「傾向と対策」を練っておくことも、けっして悪いことではないだろう。

そんな人にも、本書は役に立つことを保証しよう。

さて、一口に、「めんどうな人」といっても、そのタイプは千差万別ではない。

こまかい点では、少しずつ、ちがうところがあるかもしれないが、**「めんどうな人」はおよそ、58のタイプに分類することができる。**

本書では、この58のタイプをとりあげて、それぞれのタイプの人に対して、どのようなつき合い方をするのがもっともよいのかを考えていきたいと思う。

本書によって、58のタイプのめんどうな人とのつき合い方を完全にマスターすれば、その他のめんどうな人とのつき合い方もうまくなる。

なぜなら、個々の点で、微妙にちがってはいても、「これは○○タイプの人に近いみたいだな」と読者ご自身で判断して、本書のテクニックを適用すればよいだけだからである。

どんなにめんどくさい人であっても、〝つき合い方の勘どころ〟をきちんと押さえておけば、つき合うのもそんなに、むずかしくない。

相手がめんどうな人だからといって、むやみにビクビクしたり、敬遠したりはせず、だれとでも気楽におつき合いしていただきたい。

どうか、最後までよろしくおつき合いいただければさいわいだ。

もくじ

PART 1

めんどくさい人はほっとこう

PART 2 めんどくさい人の話は勝手にまとめよう

PART 3

めんどくさい人にはバカのふりをしよう

PART 4

めんどくさい人にはシュークリームをあげよう

PART 5 めんどくさい人は「小さな男の子」だと思おう

カバーイラスト：浦野周平
装丁：金井久幸〔ツー・スリー〕
本文デザイン：マイム
本文イラスト：力石ありか
校正：鷗来堂

PART 1

めんどくさい人は

ほっとこう

1 すぐに怒る人

・大声でどなる
・机を叩いたりする
・たぶん自分をコントロールできていない

すぐ感情的になって、声をあららげる人がいる。

声が大きいだけに、思わず身がすくんでしまうかもしれないし、恐怖を感じるかもしれないが、こういうタイプとのつき合い方は、じつはそんなにむずかしくない。

まず、基本的な戦術は、「売り言葉に買い言葉」で、**相手に言い返そうとしたりはしない**こと。

怒りっぽい人は、反論されることをものすごくイヤがる。

それに、反論などをしようとすると、よけいに相手の怒りに火をつけてしまうことになるので、まずはおとなしく相手の言い分に耳をかたむけてみよう。

私たちの「怒りの感情」というのは、なにもしなければ2分ほどでおさまる。

米国アイオワ州立大学のブラッド・ブッシュマンは、たとえ怒りの感情がわき起こっても、なにもせずに2分間、ただ座っているだけで怒りの感情が消せることを実験的に確認している。

怒りを生み出す化学物質が血流から消えるには、だいたい2分もあれば十分なのである。そんなに長くはつづかないのだ。

したがって、怒っている人に対しては、なにもせずに2分間はそっとしておいてあげればよい。

「でも、私の知りあいの怒りっぽい人は、それこそ何十分でも怒っているんですよ!」

そういいたい人もいるであろう。

しかし、それはちがうのだ。

おそらく、**相手が何十分も怒っているのだとしたら、それはこちらの態度が問題なのだ。**

ふてくされた態度をとってみたり、反省していない顔をしてみたり、言い返そうとしたりするから、相手の怒りはいつまでもつづくのである。

つまりは、相手を怒らせるようにこちらが挑発しているのが原因。なにもしなければ、本当は2分で怒りの矛《ほこ》を収めてくれるはずなのだ。

怒られればこちらの気分もよくないとは思うが、そういう気持ちを呑みこんで、できるだけ無表情をたもち、じっと相手を見つめながら2分ほど相手の話を聞いてあげよう。

この2分間には、「しかしね……」とか「あなたはそういうけどさ」などと反論してはいけない。じっと聞くのである。そうすれば2分後には、相手は平静さを取り戻してくれる。

どうしてもなにか言い返したいのなら、せめて2分後にしてほしい。

そのころには、相手も少しは落ちつきをとり戻してくれるだろうから、あなたの言い分もすこしは聞いてくれるのではないかと思われる。

たいていの人は、2分間のガマンができずに、つい相手に口答えをしてしまう。

そのため、おたがいにどんどんヒートアップして、収拾《しゅうしゅう》がつかなくなってしまうのだ。

とりあえず2分間はガマンして、まずは相手の言い分を聞いてあげること。自分なりの意見なり、感想なり、反論なりをするのは、そのあとでよいと考えよう。

◆すぐに怒る人の取り扱い方法

2分間おとなしくして、相手の怒りが収まるのを待とう

2 発言がコロコロ変わる人

・そのときの自分を正当化しがち
・思いつきだけでものをいう
・本人に悪気はなさそう

「えっ!?　昨日の指示と、ぜんぜんちがうんだけど……」

「あれっ、この人、この前はべつのこといってなかったっけ?」

世のなかには、いうことがそのときどきで、コロコロと変わる人がいる。

しかし、そういう人に出会っても、けっして腹をたててはいけない。なぜなら、**本人は自分のいうことが変わったなどとは、まったく思っていない**からだ。

そもそも私たちの記憶というものは、忘れるようにできている。

米国インディアナ大学のロイド・ピーターソンは、さまざまな文字列を記憶させるという実験をしているのだが、約20秒以内（正確には18秒以内）に、85％のものを忘れてしまうことを確認している。
人間はわずか20秒で8割から9割は忘れるのだ。
人間はもともと忘れっぽいものなのだから、目くじらを立てて怒ってはいけない。**「人間の記憶って、そういうものだよな」と割りきって考えたほうが、こちらもイライラせずにすむ。**

とはいえ、たとえば上司の指示などが、その日その日でコロコロと変わってしまうのでは、部下としてはひじょうに困る。どう仕事を進めてよいのかもわからなくなるからだ。

そこで、**いうことがコロコロ変わる人を相手にするときには、「記憶」でなく、「記録」によって対処するとよいであろう。**

たとえば上司から指示が出たときには、「ちょっとメモをとっておきますね」と、かならずメモをとっておくのだ。そして、自分で書いたメモを上司に見せて、「こういう理解でよろしいでしょうか?」と念を押しておくのである。

こういう作業をしておけば、かりに翌日になって、まったくちがう指示を出されたとしても、自分のとっておいたメモを上司に突きつけてやればよい。

「昨日は、このメモのような指示だったのですが、今日の指示とはまるでちがうように思います。私は、どちらに合わせて仕事をすればよろしいのでしょうか？」

というように話を持っていけばよい。

注文の仕様をコロコロと変えてくるクライアントに対応するときには、やりとりは電話でなく、メールにしよう。

電話だと記録が残せないが、メールであれば、すべて記録に残せる。

もしクライアントの注文がコロコロと変わるようなら、以前のメールを証拠として、「前回の注文では、〇〇となっています」と相手の書いた部分をもういちど見せてあげればよい。そうすれば、相手も自分のおかしさに気づくであろう。

◆発言がコロコロ変わる人の取り扱い方法

メモやメールなど文書に残しておこう

3 優柔不断な人

・イエスともノーともいわない
・判断を先延ばしにする
・そのせいでスケジュールに余裕がなくなりがち

レストランで食事をするとき、メニュー表をいつまでもながめていて、自分の注文を決めてくれない人がいる。

自分ひとりで食事をしているときなら、いくらでも悩んでもらってもいいのだが、ほかの人といっしょのときには、ひじょうに困る。ほかの人がメニューを決められなくなるからだ。

もし、いつもいつも料理の注文がおそくて、困らせられているのであれば、「お店に入る前に」決めてもらうようにするのはどうだろう。これは、なかなかいいアイデアだ。

たとえば、ならんで歩きながらお目当てのお店に向かうときに、「今日、注文はなににしますか？」と聞いてしまうのだ。そうすれば、相手のほうも、「う〜ん、○○にしておこうかな」などと答えてくれるであろう。

このやり方がいいのは、お店に入って「イスに座っている」のではなく、「立っている」状態だからだ。

私たちは、腰を下ろすと、決断が遅くなってしまう。

ぎゃくに、立っている状態だと、決断が早くなるということが心理学のデータで明らかにされている。

米国ミズーリ大学の経営学教授アレン・ブルードーンは、5人ずつのグループに課題を出し、グループとしての結論を出すように求めてみた。

ただし半数のグループは、「立ったまま」で作業をやらせ、残りの半数のグループには「イスに座って」作業をやらせてみた。

決断を出すまでの時間を測定してみると、立ったままのグループでは、589・04秒（約10分）であり、イスに座ったまま決断させると788・04秒（約13分）

という結果になった。

つまり、**立ったまま決断させると、33%も時間を短縮できた**ことになる。

このデータを参考にすると、レストランでの注文がおそい人には、イスに座らせる前、すなわち、お店に向かっている途中で決断させたほうがいい、ということがわかるだろう。

会社で稟議《りんぎ》書や報告書を回しても、優柔不断でなかなか決断してくれない人もいる。

そういう人に素早く判断させるときには、「立ち話」がいい。

その人が、ランチに出かけるときなど、イスから立ち上がった状態のときに声をかけて、判断を仰《あお》ぐのだ。

イスに座った状態だといつまでも決断してくれないであろうが、立った状態であれば、その場ですぐに決めてくれる可能性が高くなる。

あるいは、相手がトイレに立ったときに、いっしょにトイレに向かいながら、手短に内容を説明し、やはりその場で決断をしてもらうようにするのだ。

そうすれば、いっしょにデスクにもどったときに、そのままハンコを押してもらうこともできる。

イスに座ったままの人は、どうしても判断がにぶくなる。

そういう状態では、「すみませんが、急いでください」とせかしても、なかなか決めてくれない。

したがって、相手が立っている状態を狙うのが正解である。

◆優柔不断な人の取り扱い方法

立った状態で決断してもらうようにしよう

4 相手によって態度が変わる人

・「ドラえもん」のスネ夫みたいなタイプ
・早口な人が多い気がする
・要領はいいので仕事はデキる人も多い

自分よりも立場が上の人間にはペコペコしているのに、部下や後輩に対しては、ものすごく冷たく接する人がいる。

こういうタイプは、ものすごく嫌われる。

オランダにあるライデン大学のルース・フォンクは、人によって態度を変える人ほど嫌われることを「スライム効果」とよんでいる。こういうタイプは、「だれに対しても冷たい」人よりも嫌われる傾向があるという。

フォンクは、「ポール」という架空のミドル・マネジャーの記述をつくって、それを56名の大学生に読ませてみた。

ポールの記述には、「だれに対しても親切」「だれに対しても冷たい」「上司にはよい顔を見せ（コーヒーを持っていったり）、部下には冷たい態度をとる（困っていても無視したりする）」といったものがあった。

ポールの好意度を7点満点でつけてもらったところ、つぎの結果になった。

このデータからわかるとおり、いちばん嫌われるのは相手によって態度を変える場合なのだ。人によって態度を豹変《ひょうへん》させる人に出会ったら、**「こういう人って、いちばん嫌われるんだよな」**と思えば、少しは溜飲《りゅういん》も下がるというものである。

相手によって態度を変える人は、結局、計算高いのである。

「この人にはすり寄っておいたほうがトクをする」

「この人にはいい顔を見せても、意味がない」

そういう損得勘定で動いているのだから、自分に対して好ましい態度で接してもらいたいなら、**「自分にやさしくしておくと、トクをしますよ」**とアピールするのがよい。

会社の先輩などがそういうタイプであれば、相手がよろこびそうなことをしてあげるとか、合コンをセッティングして、先輩を誘ってあげるなどして、「こいつは意外に役に立つヤツだな」と感じさせよう。

役に立つ人間だと思えば、その先輩は打算をはたらかせて、あなたに対してそんなにきびしい態度はとってこなくなるはずだ。ぎゃくに、「こいつは役に立たない」と認識されてしまうと、徹底的にひどい扱いを受けるので注意しよう。

◆相手によって態度が変わる人の取り扱い方法

自分は「役に立つ人間」だと認識させておこう

5 うっかりミスをくり返す人

・本人に悪気はなさそう
・怒られると反省するし、落ちこむ
・新人だけでなく、年長者にも多かったりする

部下や後輩が仕事上でミスをしたとき、たいていの人は、叱責《しっせき》するのではないかと思う。

「なんで、こんなに簡単なこともできないんだ！」

「まったく、何度同じミスをすれば、お前は気がすむんだ！」

などと。

しかし、私が上司であり、先輩であるのなら、そういうことはしない。

なぜなら、**叱責してみせたところで、なんの意味もないからである。**

自分の怒りをぶちまけることでスッキリする効果はあるかもしれないが、部下

が行動を改めてくれることはない。
同じ失敗を、そのうちくり返すことになるだろう。
ミスの原因について指摘するのも、あまり意味がない。
本人だって、じつのところ、ミスの原因についてはわかっているのである。そ
れでもミスをしてしまうのが人間なのだ。

米国ワシントン大学のレイ・トンプソンは交渉の失敗について研究をしている。
交渉で失敗をする人に、その原因をたずねてみると、ふしぎなことに、みな失
敗の原因については気づいていたのだった。ところが、人間は、その失敗を何度
もくり返していたのである。
つまり、**「原因がわかっている」ことと、「失敗をくり返す」ことには直接的な
関係性はない**ということをトンプソンは明らかにしたのであった。
これは交渉についての研究であるが、ほかの仕事についても同じであろう。
私たちは、ある程度まで、自分が失敗した原因については、薄々とでも気づい
ているのである。

では、ミスをした人はお目こぼししてあげないといけないのか。

いや、そうではない。

ミスの原因について探るのをやめて、「将来的な改善プラン」について考えさせるようにすればいいのだ。

ミスが多い人には、こちらのほうが有効だ。

「今回の件は怒ったりはしない。だが、将来的にどうやって改善すればいいのか、自分なりの計画を立てて、それを持ってきてくれ」

こんなふうに話を持っていこう。

叱責に意味はないが、行動計画を立てさせることには意味がある。

叱責しないので本人の自尊心を傷つけることもないし、行動計画を立てることによって、自分なりの改善案を見つけてくれるからだ。

では、もしその行動計画もうまくいかなかったら、どうするのか。

そのときには、もういちど、あらためて計画を練りなおさせればよい。

さらに失敗したら、さらに計画を練らせればよい。

これを何度かくり返していれば、そのうちに行動は改善されることが期待できよう。

◆うっかりミスをくり返す人の取り扱い方法

改善策を何度でも本人に考えさせよう

6 無口でしゃべらない人

・仕事はマジメに取り組む
・表情の変化もとぼしい
・ちゃんとこちらの意図が伝わっているか不安になる

自分からはほとんど発言せず、内向的で、控《ひか》えめな人がいる。

内向的であることはかまわないが、コミュニケーションがとれないのは、どうにも居心地が悪い。

こういうタイプを相手にするときには、どうすればいいのだろうか。

「もっと愛想《あいそ》よくしてくれないかな」とお願いしたいのだけれども、性格的に内向的なので、それはむずかしいと感じている人もいるであろう。

けれども、**私であれば、すなおに「愛想よくしてくれ」とお願いする**と思う。

「えっ!? そもそも性格が内向的な人に、それはちょっとハードルが高すぎるのでは？」

と感じる読者もいらっしゃるであろう。

しかし、それはちがうのだ。

内向的な人が、外向的に、明るく、陽気にふるまえないのかというと、そんなことはない。**演技しようと思えば、内向的な人だって、演技くらいはできるはずなのである。**

米国フロリダ大学のベス・ポンターリ教授は、心理テストで内向的と判断された人たちをあつめて、

「実験用のビデオを制作しているんだけど、できるだけ社交的な演技をしてもらえないかな」

とお願いしてみた。

するとどうだろう、もともと内向的と判断された人たちでさえ、じょうずに外向的にふるまうことができたのである。演技しようと思えば、内向的な人だって、できるのである。

したがって、**無口で、あまり話さない人には、演技を求めよう。**

「会社にいる間くらいは、社交的にふるまう演技をしてもらえないかな。べつに、もともとの性格は変えなくたっていいから、仕事の一環だと割りきってさ。ディズニーリゾートで働いているキャストだって、オンステージ（ゲストの前にでること）のときには、明るく、陽気にふるまうだろう？それと同じで、仕事がはじまったら、底抜けに明るいキャラを演じてほしいんだよ。そのほうが社内の雰囲気もよくなるし、キミだって、お客さまからのウケもよくなるし、いいことづくめだと思うな」

こういうアドバイスをしてあげるとよい。

ポイントは、**「性格は変えなくてもいいから、とにかく演技してほしい」**ということを強調してあげることである。

性格を変える必要がないと思えば、おかしなプレッシャーも感じないだろうし、よろこんで演技のチャレンジをしてくれるはずだ。

営業をやっている人が、みながみな、快活《かいかつ》で、明るくて、人あたりがいい性格なのか、というと、そんなこともない。

彼らは、仕事の一環として、そういう人物を演じているだけのことが多い。

ふだんの彼らは、とてもしずかで、控えめだったりする。

とりあえず、仕事として明るく演じることを求めてみると、意外に高確率で明るくふるまってくれるのではないかと思われる。

◆無口でしゃべらない人の取り扱い方法

明るいキャラクターを演じてもらうようにしよう

7

会話に割りこんでくる人

・本人は良かれと思ってやっているフシがある
・早口な人が多い気がする
・相手の話は聞いていない

こちらが話している最中だというのに、へいきで会話に割りこんでくる人がいる。割りこまれたほうとしては、釈然《しゃくぜん》としない気持ちになる。

おそらく、**会話に割りこんでくる人は、そんなことをすると自分の株がさがって、嫌われてしまうということに気がついていない**のだろう。

まさか自分が嫌われているとは思わないので、気にせず割りこんでしまうのだと思われる。

したがって、そういうタイプには、折を見て「会話に割りこむと、嫌われちゃう危険が高まるんだよ」ということを教えてあげるとよい。

もし、悪気があって会話に割りこんでいるのでないとしたら、自分でもなにかを悟《さと》ってくれて、行動を改めてくれるかもしれない。

米国ボルチモア大学のサリー・ファーレイ准教授は、2名ずつの男女が新聞の記事についておしゃべりしているビデオを実験的につくってみた。

なお、登場人物のうち、決められた人物は、だれかがしゃべっているときに、5回、会話に割りこむことになっていた。

さて、ビデオを見た人たちに、それぞれの参加者についての印象をたずねると、5回の割りこみをした人は、嫌われることがわかった。

とくに、女性がそれをすると、男性がやったとき以上に嫌われることも明らかになった。

こういうデータがあることを、てきとうなタイミングで教えてあげるのだ。

「アメリカでおこなわれた研究によるとね、会話に割りこむ人って、すごく嫌われちゃうらしいんだよ。そんなことで嫌われるのも、バカみたいだと思わない?」

こんな感じで水を向けるのがポイントだ。

もし、自分が指摘されていることに気づかないようなら、さらにもう少しだけつけ加えてもいい。

「○○さんも、たまにだけど、人が話しているときに割りこむことがあるでしょ。それをやらないようにするだけで、いまより2倍くらい魅力的になるんじゃないかな」

こうやって、やんわりと指摘してあげれば、会話に割りこむことで、自分がソンをしていることに気づいてくれるかもしれない。

人間は、基本的に、自分がソンをすることはやらないようになるものである。

自分が嫌われやすくなっているというデメリットに気づいていないから、会話に割りこんでくるのであって、それをすることが自分にとってソンになっていることがわかれば、そういう行動は自然と慎《つつし》もうとするものなのだ。

◆会話に割りこんでくる人の取り扱い方法

会話に割りこむとソンをするとさり気なく教えてあげよう

8 仕事中に私用の電話をかけてくる人

・緊急の要件かと一瞬焦る
・しかし、だいたい、たいした用事ではない
・そのわりに電話が長くなりがち

私は、原稿を書いているときには、スマートフォンの電源を切っている。そうやって電話に出ないようにしている。

執筆の中断をされないようにするためだ。せっかく気持ちよく原稿を書いているのに、電話がかかってくると、せっかくの勢いがそがれてしまう。

もし勤務時間中に、プライベートな電話をかけてくる人がいて、その人に辟易《へきえき》させられているのだとしたら、電話には出られないようにするのが一番であろう。

とはいえ、お客さまや取引先からの電話かもしれないだろうし、電話の電源を切るのもむずかしい場合も多いと思われる。

そこで次善《じぜん》の策としては、プライベートな電話をかけてこないよう、あらかじめ注意しておくとよい。

ただし、「仕事中には電話してこないで」とあからさまに求めるのも、相手の自尊心を傷つけてしまうかもしれない。

そこで、**てきとうな理由をデッチあげて、電話をかけないように伝える**のがいいだろう。

「ごめんね。うちの会社って、勤務時間中の私用電話は、ぜったいNGなんだ。勤務評定もすごく悪くなっちゃうことが社則で決められているから、できれば今後は電話を遠慮してくれると助かる」

こう説明すれば、よほどおかしな人でなければ、電話を慎もうとしてくれるだろう。

大切なのは、「理由」をつけること。

私たちは、「理由」がくっついていれば、「なるほど、そんなものか」と納得していうことを聞くことが少なくない。

おもしろいのは、理由になっていなくとも、「理由っぽく聞こえる」ことであれば、やはり納得してくれるということである。

米国ハーバード大学のエレン・ランガー教授は、図書館のコピー室でコピーをとっている人に声をかけ、「私に、先にコピーをとらせてもらえないか」と厚かましくもお願いするという実験をしたことがある。

まず、ふつうに「コピーを5枚だけ先にとらせてくれないか」とお願いしたときには、60%の人が先にとらせてくれた。ぎゃくにいうと、40%の人には断られたことになる。

ところが、理由っぽいものをくっつけて、「コピーを先にとりたいので、コピーを5枚だけ先にとらせてもらえないか」とお願いしてみると、なんと93%がOKしてくれたのだ。

「コピーを先にとりたいので」というのは、まったくなんの理由にもなっていない。だが、**「○○したいので」とか「○○だから」という理由っぽく聞こえるだけで、私たちはよく考えずに、「それならいいですよ」とOKしてしまう**ことを、この実験は示している。

勤務時間中にプライベートな電話をかけられて困っているのなら、かけてこないようにお願いしてみるとよい。

理由っぽく聞こえるようなら、理由はなんだってかまわない。

どんな理由でも、理由っぽく聞こえさえすれば、「それなら、今度からは気をつけるね」とその人も、すなおに引きさがってくれるであろう。

もちろんこの方法は電話だけでなく、「してほしくないことをお願いする」ような場合なら、どんな場合にもつかえる便利な方法だ。

◆仕事中に私用の電話をかけてくる人の取り扱い方法

てきとうな理由をつけてやめてもらうようにお願いしよう

9 ワガママな人

・ポジティブにいえば意志が強い人
・ほかの人を振り回そうとする
・思いついたことをそのまま口にする

さいきん、ワガママな人が増えたような印象を持つのは、私だけではないであろう。そんなことを考えながら心理学の論文を読んでいると、おもしろい研究を見つけた。

イースト・キャロライナ大学のスコット・ナドラーという心理学者の論文なのだが、ナドラーは、日本を含む31か国の国際調査をしている。なにを調べたのかというと、国民一人当たりのGDPと、個人主義的な性格との関連性だ。

その結果、**経済成長している国民ほど個人主義的になる傾向**がわかったのである。個人主義は「ほかの人なんてどうでもいい」という発想に近いものがあるから、日本も経済的に豊かになってきたために、そういう発想の人が増えてきたのかもしれない。だいたい、どの国もそうだが、経済的にゆたかになってくると、その国民はだんだんそういう性格になってしまうようである。

ともあれ、世のなかには、他人に合わせられない人がいる。

みんなでなにを食べようかと話し合っているとき、近くのイタリアン・レストランに決まりかけたのに、「おれ、中華が食べたい！」とひとりで言い張るような人だ。そういう人には、どうやって対処するのがよいだろうか。

いちばんいいのは、〝多数決〟である。「まあ、まあ、みんなの意見も割れているようですし、どうでしょう、ここはひとつ、多数決にしておきませんか？」と提案してみるのだ。

もちろん、多数決をとれば、めんどうな人がひとりで言い張ったところで、どうせ負ける。しかも多数決というのは、民主的な方法であるから、めんどうな人もそれには、さからうことができない。

よほど自己中心的な人であれば、「それじゃ、おれはひとりで中華のお店に行ってくるわ」と単独行動をはじめるだろうが、それならそれで問題はない。**めんどくさいのは、ひとりのわがままによってほかの人たちが振り回されてしまうことだ。**だからその人が別行動になっても、とりあえず問題は解決されたも同然である（たいていの場合には、おとなしく多数決にしたがってくれるのではないかと思われるが）。

多数決のいいところは、勇気を持ってワガママな人に反対する必要がないことである。ワガママな人に、「ワガママいうなよ」とたしなめるのは勇気がいる。しかし、「多数決で決めたんだからさ」となると、責任が全員に分散され、自分ひとりが反対したわけではない、という雰囲気を生み出す。

自己中心的な人に反対すると、根に持たれて、将来に禍根《かこん》を残す。そういうことのないよう、多数決でさりげなく反対するのがいちばんの方法だ。

◆ワガママな人の取り扱い方法

多数決で決めよう

10 いちいち許可を求めてくる人

・失敗を過度に恐れている
・自分で責任を取りたくない
・自分の考えが正しいのか不安

自分でどんどん仕事を進めてもらってかまわないのに、上司にいちいち許可を求めてくる人がいる。

部下が自分を頼ってくれているのだな、と思うことのできる上司であれば、許可を求めてくる部下のことも可愛らしいヤツだと考えられるかもしれない。

けれども、自分の判断でどんどんやってほしいと考えている上司にとっては、まったくもってわずらわしい部下である。

いちいち許可を求めてくる人には、どう対処するのがいいのか。

私なら、**完全な「権限移譲」（エンパワーメントという）**をするであろう。

ようするに、部下にすべての権限を与えてしまうのだ。

「このエリア担当は、そっくりキミにまかせるから、キミの判断で、好きなようにやってみろ」と、仕事をまかせてしまうのである。

オーストラリアにあるクイーンズランド大学のグラハム・ブラッドレーによると、権限移譲された部下は、自分が信頼されていると感じて、多いに発奮《はっぷん》して仕事にはげんでくれるそうである。

権限移譲というのは、悪い方法ではないのだ。

ホンダの創業者・本田宗一郎さんなどは、自分が信頼している藤沢武夫さんという人物に社長の印鑑までわたして、好きなようにやってもらっていたという。「お前にそっくりまかせる」と全幅《ぜんぷく》の信頼をおいてまかせてしまえば、部下も大いに意気に感じて、全力で仕事に取り組んでくれるかもしれない。

部下がいちいち許可を求めてくるのは、じつは上司のほうにも問題がある。

なにかというと部下に文句をいうような上司の下で働く部下は、あとで怒られるのがイヤなので、いちいち許可を求めてくるようになったのかもしれない。

もしそうであれば、上司である自分が悪かったのである。

部下に権限移譲をするのなら、完全に権限委譲をしてあげなければダメである。部下の好きなようにやらせるといいながら、横から口出しをしたり、あとで怒ったりしていたら、部下も好きなようにはやれないと感じる。

リッツ・カールトンという高級ホテルチェーンでは、お客さまの苦情に対応するために、ベルボーイをふくむあらゆる従業員が、2000ドルまでは自分の裁量で示談金を支払ってよいことになっている。

そういう権限が、従業員すべてにあるのである。だから、すべてのスタッフが責任を持って、全力で仕事に取り組んでくれるのだ。

部下を信頼し、大きな権限を与えてあげよう。

そうすれば、いままで以上にイキイキと仕事に取り組んでくれるにちがいない。

◆いちいち許可を求めてくる人の取り扱い方法

思い切ってすべての権限を預けてしまおう

PART 2

めんどくさい人の話は勝手にまとめよう

11 話がダラダラ長い人

・会議や打ち合わせを長引かせがち
・いろいろ話すけどなにも残らない
・真剣に聞いていると疲れてくる

とりとめのないことを、いつまでも話しつづける人がいる。よく聞いていると、話が支離滅裂《しりめつれつ》で、けっきょく、なにをいいたいのかわからなくなってくるような人だ。

とにかく、こういうタイプの人の話は、いくら聞いていてもわからなくなってくるのがオチであるから、**なるべく早い段階で、こちらから「結論めいたもの」をいってしまったほうがよい。**

「すみません、お話が途中のところ。ちょっと確認させてください。つまり、○○さんがいいたいことは、こういうことでしょうか？」

こんな感じで、相手の話の腰を折ってしまおう。

「そんなことをすると失礼にあたるのでは？」

という心配をする読者もいると思うのだが、こちらの貴重な時間をうばわれることを考えれば、この程度のマナー違反は許容されるであろう。

「こういうことですか？」

とこちらからいってあげれば、相手も、

「そうそう、私がいいたかったのは、そういうことだよ」

といってくれるかもしれない。

もしこちらの理解がまちがえていれば、

「ちがう。私がいいたいのは、〇〇ということだよ」

と早い段階で結論を出してくれるかもしれない。

ともあれ、さっさと結論を出して話を切り上げてくれることに変わりはない。

だいたい、話にまとまりがない人は、自分でも「なにをいいたいのか、よくわかっていない」というケースもけっこう多い。

そのため、多少、決めつけるような感じで、

「○○さんがいいたいのは、こういうことですよね？」

といってあげると、「そう、そうなんだ」と同意してくれる可能性も高い。

心理学的には、こういうやり方を「誘導」という。

たとえ、本当はすこしちがうと思っていても、「こうですよね？」といわれると、つい「そうだ」と答えてしまうものである。

これが「誘導」だ。

警察の取調官なども、このテクニックをつかう。

米国コロラド大学のリヴィア・ギルストラップは、2分間のビデオを見せてから、そのビデオについての記憶をたずねてみた。

ビデオには、赤いシャツを着た大人の男性がギターを弾いて、ソーダを飲む、といった映像が流れた。

ただし、記憶を調べるときには、「誘導」的な質問をしてみた。

実際には、男性が着ていたのは赤いシャツだったのだが、「男性の服は青色でしたよね？」と決めつけた感じで質問してみたのだ。

するると、まちがっているのに、「そうでした」と答える人の割合が増えたのである。

私たちは、わりと簡単に誘導されてしまうのである。

ダラダラ続く話を聞くのがめんどうくさいと思ったら、さっさと「誘導」して、話を終わらせてしまおう。

そんなことをすると相手に失礼だとか、かわいそうだと思うのなら、すこしくらいは話につき合ってあげてもよいが、てきとうなタイミングでこちらから結論に導いてあげたほうが親切、ということもあるのだ。

◆話がダラダラ長い人の取り扱い方法

自分でかってに結論をまとめてしまおう

12 表現がいちいち回りくどい人

・報告書がやたらと分厚い
・メールがやたらと長い
・会話でもなかなか本題、結論にいたらない

米国プリンストン大学のダニエル・オッペンハイマーは、大学生のレポートを読んでいて、あることに気がついた。

たいていの文章作法の本には、「平易《へいい》な文章を書くように心がけよ」と推奨されていることが多い。

にもかかわらず、なぜか大学生にレポートを求めると、わざわざむずかしい表現や単語をつかいたがるのである。大学生にとっては、むずかしい言葉をつかったほうが、どうも知的に感じられるらしい。

オッペンハイマーによると、そういう大学生の心理はわからなくはないものの、

それは逆効果であるという。

まったく同じ内容なのに、平易な文章と、むずかしい用語をつかった文章を用意し、比べるという実験をオッペンハイマーがしてみた。

すると、むずかしい用語のほうは理解しにくく、読み手にも受け入れてもらえなかったのである。


オッペンハイマーは、大学生を対象にこの傾向を明らかにしたのであるが、ビジネスパーソンにも当てはまるであろう。

ビジネスパーソンの多くも、ちょっと気どってみたいのか、見栄《みえ》をはりたいと思うのか、わざわざむずかしい言葉をつかったり、カタカナ用語をつかったり、同じことを何度もいい換えてみたりするのだが、それは逆効果である。

官公庁などでは、わざわざ持って回ったような、わかりにくい報告書を書くことが求められるそうであるが（俗にいう、「お役所表現」）、そういう表現はできるだけやめたほうがいい。

理由は単純で、わかりにくいからである。

ちなみに官公庁では、書類の厚さが重要であるらしく、分厚いほうが好ましいそうだ。

しかし、これは民間企業で働くビジネスパーソンがマネをしてはいけない。

では、わかりにくい報告書を、わかりやすくしてもらうにはどうすればいいのだろうか。

これは簡単な話で、文章をしぼってもらうのである。

分厚い報告書などを作成しなくていいから、「A４一枚でまとめてきてくれ」とお願いすればいいのだ。

多くの大企業では、「A４一枚の報告書」というのが、最近ではスタンダードになってきている。

A４一枚ということになれば、当然、いいたいことをしぼりにしぼりこまなければならず、そのほうがだれでも理解しやすくなるからである。

トヨタなどでは、報告書や提案書はA３用紙にまとめるという話も聞いたことがあるが、A３ではちょっと大きい。

やはりＡ４の大きさがよいのではないかと思う。

文章が長ったらしくて、よくわからない報告書を書いてくる人には、**「僕はＡ４一枚じゃなきゃ読まないよ。結論だけでいいから、Ａ４一枚にまとめてきてくれ」**

と伝えておこう。

そうすれば、持って回ったような表現をせず、いいたいことだけを簡潔にまとめて持ってきてくれるようになるであろう。

◆表現がいちいち回りくどい人の取り扱い方法

Ａ４一枚にまとめるように伝えよう

13 ぜんぶ説明しないと理解できない人

・こまかいところを何度も確認する
・察しがわるい
・いわれたことしかできない

たいへん理解力があり、「一を聞いて十を知る」ことができる人もいれば、ぎゃくに、すべてのことを逐一《ちくいち》説明しないと、まったく理解してくれない人もいる。指示を出す側からすれば、当然、前者の人のほうがラクである。ちょっと説明してあげれば、あとは自分でやってくれるからだ。

しかし、世のなかというのは、なかなかうまくいかないもので、圧倒的に多いのは、「ぜんぶを説明してあげないと、なにも理解してくれない人」である。

毎回、毎回、説明をくり返すのは、ひじょうにわずらわしい。

では、どうすればいいのかというと、「やるべきリスト」といったリストを作成しておけばいいのだ。いったんリストをつくってしまえば、そのリストを相手にコピーして手わたすだけですむ。

手順が5つくらいだけなら口頭で説明してもいいだろうが、手順が10も20もあると、相手も理解できるわけがない。

人間は、7つまでしか記憶できないという研究もある。

したがって、**あらかじめ相手に説明するためのリストをつくっておくとよい。**

お客さんに商品やサービスを説明するときも、リストはたいへんな効果を発揮する。アレコレていねいに説明していると、お客さんのほうも次第にめんどくさくなってくるし、説明するこちらも疲れてしまう。

そこで、かんたんなリストを作成し、それを相手にわたせばいいのだ。

リストを見れば一発で理解できるというかたちにしておけば、相手にとっても、こちらにとってもラクであろう。

ちなみに、リストをつくるときには、きちんと具体的な手順をしっかり書いておかなければダメである。

米国メリーランド大学のエドウィン・ロックによると、抽象的な指示では人は動かないので、できるだけ具体的なレベルに落としこんで指示を出すのがよいらしい。しかも、そういう**具体的な指示のほうが、相手のモチベーションも高まる**そうだ。

料理のレシピも、手順リストに似ている。

「最初に、これこれをする」「つぎに、これこれをする」という順番が具体的に書かれていれば、そのとおりに料理をつくることができる。もし、抽象的なレシピがあったとしたら、まったく意味がない。

説明がめんどうだと感じるのなら、「説明しないでもすむ」ようにしておこう。

そのためには、仕事に関連する簡便なリストをいくつもつくっておき、それを相手に手わたせばすむようにしておこう。

◆ぜんぶ説明しないと理解できない人の取り扱い方法

手順などのリストをつくってわたそう

14 会議でぜんぜん意見をいわない人

・意見を求めると考えこんでだまる
・ひねり出した意見もべつに新しくない
・なにを考えているかわからない

私たちは、気分がハッピーであると、いろいろとおもしろいことや、ユニークなことが頭に浮かびやすくなる。つまり、発想が柔軟になるのだ。

会議で意見を出せない人というのは、ひょっとしたら、心理的に落ちこんでいたり、ちょっとウツっぽい状態にあるのかもしれない。

そういう心理状態だと、人は意見やアイデアが出せないからだ。

もし、**会議でぜんぜん意見をいわない人がいるのなら、それを責めるのではなく、まずはポジティブな気分にさせるようにしよう。**

軽口をたたいてみせたり、おもしろいネタなどを話して、笑わせてあげたりすると、発想も柔軟になって、意見やアイデアを出してくれるようになるかもしれない。

米国デラウェア大学のノエル・マレーは、2つのテレビ番組を見せて、類似点をできるだけ見つけ出してもらう、という実験をしてみたことがある。

実験をする前に、半数の人には、「自分が人生で楽しかったこと」をリストアップするようにお願いした。そういうことを考えさせることで、気分をポジティブにさせたのである。

また半数の人には「自分の人生で悲しかったこと」をリストアップさせた。ネガティブな気分にさせてみたのである。

さて、2つのテレビ番組の類似点をさがしてもらうと、ポジティブな気分のグループでは平均6・1個見つけ出すことができ、ネガティブなグループでは平均4・6個だった。

私たちは、ポジティブな気分のときに、知的な柔軟性が高まり、いろいろな発想ができるようになるのだ。

会議で意見が出せない人は、もともと頭が固いというのもあるのかもしれないが、気分がネガティブなのではないかと思われる。

したがって、そういう人には楽しいことを考えさせるよう仕向けたほうがいい。

「なんでも自分の願いがかなうとしたら、キミはなにをお願いする？」

「もし宝くじで1億円当たったら、キミはなににつかう？」

そういう話題をふってみて、明るいことを考えさせるようにすると、明るい気分になってくれるであろう。

だいたい気分が落ちこみやすい人は、ネガティブなことばかりを思い浮かべてしまうものだ。

明るいことを考えるように、こちらから明るい話題をふってあげるようにすると、少しずつではあれ、ポジティブなことも考えてくれるようになるだろう。

◆会議でぜんぜん意見をいわない人の取り扱い方法

明るいことを考えさせて気分をポジティブにさせよう

15 先読みができない人

・事前の準備が足りない
・そのせいで突発的な事態にあわてる
・それが相手にも伝わってしまう

松下電器の創業者・松下幸之助が、社員への訓示《くんじ》でよくいったという言葉がある。「人と会う前に小便をすませておけ」だ。

商談や、打ち合わせのとき、もしトイレに行きたくなったら、どうなるか。

落ちつきがなくなって、相手の話を聞きもらしてしまうおそれがある。トイレのことばかり考えて、相手の話に集中できなくなるからだ。

事前にトイレに行っておけば、少なくともそういう心配はなくなる。

さすが「経営の神様」とよばれる人は、先を見越して行動していたようだ。

ちなみに、松下さんは、たいせつなお客さまを接待するときには、早めにそのお店に出向いて、エアコンの位置をたしかめていたという。

空調の具合によって、自分のタバコの煙が相手のほうにいかないように、座席を確認していたのだ。

そういう心配りができないと、仕事はうまくいかない。

カナダにあるクイーンズ大学のジュリアン・バーリングは、カナダ全土の自動車ディーラー60社にコンタクトをとって、セールスマンについて調べた。

なにを調べたのかというと、彼らの「先読み能力」と、販売の成績だ。

その結果、**先読み能力とセールスの成績には、きれいな比例関係が見られた**という。

仕事ができる人は、きちんと先を読みながら行動する。だから、まったくムダがなく、それが仕事の成績にも直結するのである。

では、もしあなたの部下や後輩が、先読みのできないタイプだったらどうすればいいのか。

事前の準備があまりできない、先読みのできない人に対しては、できれば、将来に起こりうる問題について列挙させ、それに対してどうすればいいのかを考えてもらうといいだろう。

「ひょっとしたらその場で契約してもらえるかもしれないから、契約書もつくっておこう」

「ひょっとしたら、資料が必要になるかもしれないから持っていこう」

「ひょっとしたら、ほかの人も同席するかもしれないから、名刺は余分に持っていこう」

そういうことを自分なりに考えてもらうのである。

先読み能力というのは、生まれつきの才能や資質とは、まったく関係がない。訓練すれば、だれにでも磨き上げることができる能力である。

したがって、「あいつは先読みの能力がないな」とあきらめてしまうのでなく、どうすれば先読みができるのか、根気よく指導してあげるとよい。

指導してあげるのはめんどくさいかもしれないが、事前の準備不足で問題を引き起こされるよりもマシである。

相手に考えてもらっても、うまく先読みができないのであれば、

「こういうことも考えられるんじゃないか？」とこちらが水を向けてあげ、それについてどう対処するのかを自分なりに考えさせてもいいだろう。

◆先読みができない人の取り扱い方法

起こりうることを考えるように指導しよう

16 ダンドリ力がない人

・こまかい配慮ができない
・相手の立場で考えるのが苦手
・いわれたことしかやらない

ダンドリがよい人には、

「午後3時にお客さまがいらっしゃるから、たのむよ」

ですむ。

これはとてもラクだ。

ところが、ダンドリが悪い人にお願いするときには、

「午後3時にお客さまがお見えになるから、いまのうちに応接室を予約して、午後2時には部屋を確認し、室温が高いようなら空調もつけておいてくれ。ああ、そうそう、お茶を出す用意もね」

などと、こまかく指示を出さないといけないので、ひじょうにめんどくさい。

ダンドリが悪い人は、なぜダンドリが悪いのだろう。

その理由のひとつは、「自分にはあまり関係がないこと」だという意識があるからではないだろうか。

ようするに、他人事《ひとごと》だとしか思えないので、ダンドリを真剣に考えようという気持ちになれないのではないだろうか。

そういう人に対しては、**ダンドリ力を磨くことは、ほかならぬ自分のためなのだ、**ということを教えてあげるとよい。

自分のことなのだと思えば、私たちは、手を抜けなくなる。

もちろん、ダンドリについてもしっかりと考えてくれるようになるであろう。

たとえば、みなさんがパラシュートのたたみ方の講習会に強制的に参加させられたとしよう。

みなさんは、本気でパラシュートのたたみ方を覚えようと思うだろうか。おそらく、そんなことはないと思う。

ところが、

「午後になったら、みなさん自身にパラシュートをたたんでもらって、そのパラシュートで実際に飛行機から飛びおりてもらいます」

といわれたら、どうか。

おそらくは真剣に話を聞くのではないかと思われる。

私たちは、ほかならぬ自分のためだと思えば、真剣になるのだ。

米国メンフィス大学のエドワード・バーショーは、16の会社のセールスマン1300名にアンケートを送った。

その結果、「会社のためにがんばる人」よりも、「自分のためにがんばる人」のほうが、計画やダンドリがうまく、お客さんとの関係を構築する能力も高く、セールスの成績もよくなることを突きとめている。

私たちは、「自分のため」ならば、いくらでもがんばれるのだ。

ダンドリ力がない人は、ダンドリをする能力がないというより、「ダンドリよく行動してがんばろう」という意欲がないのである。

勉強に意欲的な人は、どうすれば効率よく知識を吸収できるか、どういう順番で受験科目を勉強していけばよいかなどを真剣に考える。

ところが、あまり勉強に意欲がない人は、ダンドリもなにも考えず、ただ漫然《まんぜん》と教科書を読むだけでオシマイだ。

ダンドリができない人には、まず意欲を出させるために、その仕事がいかに自分にかかわっているのかを教えてあげるとよい。

「なるほど、自分自身にとても関係しているのだな」と感じてもらえれば、自然と意欲的になり、ダンドリを真剣に考えてくれるようになるはずだ。

◆ダンドリ力がない人の取り扱い方法

自分事であるということに気づかせよう

17 批評家な人

・反対はするけど、自分の案は出さない
・重箱の隅をつつくようなことをいう
・なににでもケチをつける

みんなで会議をしているとき、反対はするくせに、自分ではまったく対案を出さない人がいる。

こういう人がいると、会議の雰囲気も重苦しくなり、意見を出しにくくなってしまう。

では、そういう〝批評家ヅラをした人〟には、どう対処すればいいのか。

ひとつの方法は、会議の「ルール」として、意見に反対してはいけないと決めておくのだ。

そうすれば、反対することを封じこめることができる。

「新しいアイデアをむやみに否定してはいけない。どんなにバカげていると思っても、反対するのをやめよう」

そんなふうに参加者全員で決めておくのである。

ルールとして決めておけば、もしだれかが反対意見をいいはじめたら、

「反対はしないって決めたじゃないか！」

といってあげればいい。

そうすれば押し黙るしかなくなる。なにしろ、みんなのルールなのだから。


めんどうな人を抑えこむのに、「ルール」はひじょうに便利なやり方だ。


どんな人でも、みんなで決めたルールにはさからえない。

アリゾナ州立大学のジョン・ライクは、市民プールに、「ゴミを捨てないで」というポスターをはっておいた。

しかし、こういうポスターをはっておいても、ほとんど意味はなかった。ゴミを手に持っている人のうち、50％はそのへんに捨てていくのである。

ところが、

「プールをきれいにつかうのが、市民のルール」というポスターに変えたところ、今度は、ゴミを捨てていく人が20％に減ったという。

ルールに訴《うった》えるやり方はとても効果的だったのである。

ブレーンストーミング（複数の参加者がどんどんアイデアを出しあうミーティング）をするときには、「反対意見をいわない」というルールがある。

だれかが反対意見をいいはじめると、自由な意見が出せなくなるからだ。

「会議においては、反対意見も出す人がいないといけないのではないか？」

そう思う人もいるであろう。

なのであれば、「反対する会議」は、べつの機会に設ければいい。

「反対せずにアイデアを出しまくる会議」と、「そのアイデアに反対しまくる会議」の2つをやればいいのだ。

それであれば、おかしな意見を採用してしまう心配はなくなるであろう。

また、**反対意見をよくいう人は、提案やアイデアに反対というよりも、そもそ**

も意見を出した人に嫌悪《けんお》感を抱いていて、ただ文句をいいたくて、そんなことをしている可能性もある。

実際のところ、だれにでも好かれる人には、だれも反対意見などいわないものである。

したがって、もし自分に対してすぐにかみついてくる人がいるなら、その人に自分は嫌われているのだと考えよう。

そして、まずはその人との関係を見なおしてみることも大切であろう。

◆批評家な人の取り扱い方法

「反対意見は禁止」というルールを設けよう

18

ネガティブ発言ばかりする人

・ものごとの悪いところばかりが目につく
・失敗したパターンだけ考える
・声のトーンも低くて重苦しい

米国パーデュ大学のロバート・バロン博士は、批判を2つに区別している。建設的批判と、破壊的批判の2つである。

バロンによると、建設的批判とは、たとえば、つぎのような批判だ。

「もっとパッケージを目立たせたほうがいいんじゃないですか」
「まだまだ改善の余地はあると思いますよ」

破壊的批判とは、つぎのような批判である。

「そんな提案はダメだよ、現実的じゃない」
「キミの意見には、まったく心が動かされないよ」

後者は、ただただその場の雰囲気を悪くするだけの批判である。

破壊的批判ばかりする人がいるなら、できるだけポジティブな方向に話題を持っていくようにしたほうがいい。

たとえば、マーケティング部の会議において、

「新商品アンケートで10人中7人に嫌われる商品なんて、まったくお話にならないな」

と破壊的批判をいう人がいたら、ポジティブな方向へ視点を向けさせるのだ。

「でも、3人には『とってもいい』という結果を得ているんですよ。100人でいったら、30人には、ものすごく好かれる、という計算になるんじゃないですか。ひょっとしたら、大化けする商品になるかもしれませんよね」

こんな感じでポジティブな方向に目を向けさせると、ネガティブ思考の人も、

「なるほど、そういう考え方もできるわけか」

と思いなおしてくれるかもしれない。

ネガティブ思考な人は、ネガティブなことに目が向きやすい傾向があるが、だ

からといって、ポジティブな思考ができないのかというと、そんなこともない。**自分では気づけなくとも、ほかの人から、「こういう考え方もできるのでは?」と教えてもらえれば、「なるほど」と受け入れてくれることも多いのである。**

場が暗くなるようなことばかり発言する人にも、根気よくポジティブな視点を考えさせるように仕向けると、そのうちに性格も改善されてくる。

オーストラリアにあるタスマニア大学のテッド・トンプソンは、自分の健康について心配ばかり口にする人に対して、

「でも、あなたは定期的に運動していますよね?」

「でも、食事にも気をつけていますよね?」

「でも、ご両親も元気ですよね?」

というように、**ポジティブに考えさせるようにすると、心配性と、悲観主義的な傾向が改善される**ことを明らかにしている。

ネガティブな人も、ずっと性格が変わらないわけではない。

根気よくネガティブ思考に反対するようにしていれば、そのうちに改善される

ことを期待しよう。

◆ネガティブ発言ばかりする人の取り扱い方法

直接関係なくてもいいからポジティブな話題をふる

19 モノや他人に当たり散らす人

・ドアを乱暴に閉める
・モノを投げつける
・壁をける

心理学には、「カタルシス理論」という、よく知られた古典理論がある。

心にモヤモヤがあるときには、モノをなぐったり、紙を引きちぎったりしていると、心がスッキリと晴れやかになる（カタルシス）、という理論だ。

しかし、じつのところ、この理論はまちがいである。

米国アイオワ州立大学のブラッド・ブッシュマンは、実験的にイライラさせた人に、パンチング・バッグ（起き上がりこぼしのようなサンドバッグ）をなぐらせるという実験をしたことがある。

では、パンチング・バッグをなぐったあとでは、気分がスッキリしたのか。

実際にデータをとってみると、まったくそんなことはなかった。

ムシャクシャした気分は、まったくおさまらなかったのである。実際には、モノをなぐったり、八つ当たりしていると、かえって怒りは増幅してしまう。

これを「怒りのエスカレーション」とよぶ。

怒りを外に出そうとすると、スッキリするどころか、かえって怒りがどんどん大きくなってしまうのである。

したがって、イライラして、モノを蹴ったり、壁をなぐったりする人がいたら、すぐにやめさせよう。よけいにイライラをつのらせるからである。

ただし、「よけいにイライラするから、やめなよ」といっても、おそらくは聞いてもらえないだろうから、**あえて相手のことを気づかっているということをよそおい、ウソをつくのがよい。**

「モノを蹴っていると、足をいためるかもしれないから、やめておきなよ」

「壁なんてなぐって、手首を骨折したら、それこそつまらない話だからさ」

こんな感じで、あくまでも「あなたのため」ということをよそおって、モノをなぐらせないようにするのがポイントだ。

なにもなぐらせないようにして、しばらくすれば、相手の怒りはおさまる。

モノに八つ当たりさせておくから、いつまでも怒っているのである。

カタルシス理論はインチキな理論だから、怒らせないほうがいい。

怒っている人に対しては、まったくちがうことに注意をそらしてしまうのもいいアイデアだ。

「そういえば、お昼はなにを食べる？」などと、ちがう話題をとぼけた顔で切り出して、相手の思考をそちらに向けさせると、一瞬で怒りを消すこともできる。

なお、本当に暴力的な傾向がある人が暴れだしそうなときには、もちろん、できるだけその場から逃げることも忘れてはならない。

なにかモノを投げつけられたりして、ケガなどを負うのはつまらない。

できるだけその場からはなれてしまうことである。

◆モノや他人に当たり散らす人の取り扱い方法

気づかっているふうをよそおってやめさせよう。あるいは逃げよう

20 ひとりで突っ走ってしまう人

・本人はやる気がすごくある
・しかしトラブルを引き起こしがち
・あとさきを考えていない

チームとして進めていかなければならないのに、ひとりだけ突っ走って仕事をやろうとする人がいる。

これではチームがうまく機能できない。

がむしゃらに突っ走るタイプは、スポーツでいうと、個人スポーツに向いている。団体スポーツには向いていない。

とはいえ、向いていなくとも、そういう人ともうまくつき合っていかなければならないのが人生というものである。

では、どうすればいいのだろうか。

せっかくやる気があるのだから、「もっとゆっくりみんなに合わせろ」というのも、なんだか気が引ける。

せっかくのやる気を失わせるのもかわいそうだ。

エネルギーがあり余っているようなタイプには、「ほかにもいくつかの作業」を押しつけてしまうのがいい。

人間の労力や、認知能力には限界があるから、2つも3つも、同時にいろいろな作業をしなければならないとなれば、当然、ペースは落ちる。

つまり、ひとりだけ突っ走らせずにすむのだ。

「もっとゆっくり」

「もっとみんなとペースを合わせて」

といっても、もともと突っ走りたいタイプなのだから、ほかの仕事もやらせたほうがいい。

できれば、みんなにあまり影響のない仕事をやらせるのがポイントだ。

「新規の店舗をオープンするのにふさわしい候補地をさがす」とか、「会議に必要な資料をネットでさがさせる」のように、時間がかかりそうな作業を与えるといいだろう。

インディアナ大学のジュリア・フォックス准教授は、被験者に「ビーッ」という音が鳴ったらボタンを押すという作業をやらせた。

はやく反応できる人も、「ビデオを見ながら、その内容も記憶しなければならない」という作業が加わると、ボタン押しの反応が遅くなることを実験的に確認している。

複数の作業をやらせれば、自然にペースダウンするのである。

人間の処理できる能力には限界があるからだ。

突っ走ってしまうタイプには、ほかにもやるべき作業を押しつけると、そちらにも力を出さなければならないので、うまくペースダウンさせることができるだろう。

小学校の先生にもこの方法はつかえる。

たとえば元気があり余っているような子どもにしずかにしていてもらいたいな

ら、みんなに与えている課題とはべつの課題も与えて、そちらに集中させることで、授業が妨害されることを防げる。

◆ひとりで突っ走ってしまう人の取り扱い方法

別の作業もいろいろやらせてペースを落とさせよう

PART 3

めんどくさい人には
バカのふりをしよう

21

叱られるとすぐに落ちこむ人

・翌日も引きずる
・明らかにパフォーマンスが落ちる
・すぐに会社をやめたりする

そんなに強く叱《しか》ったわけではないのに、ひどく落ちこんで、いつまでもめそめそしている人がいる。

こういうタイプも、なかなかめんどうだ。

心理学では、人の性格を分類するときに、内向性と外向性でわけることがある。

内向的な人というのは、人といっしょになにかの活動をしたいというよりは、ひとりでしずかに読書でもしていたほうがラクだというタイプである。

外向的な人というのは、性格がアクティブで、陽気で明るいムードメーカーである。

さて、研究によると、**内向的な人ほど、叱られたときにショゲてしまう**ことがわかっている。

インドにあるバナラス・ヒンズー大学のスニータ・グプタは、120名の女子大学生に心理テストを受けてもらい、内向的なタイプか、外向的なタイプかをわけてみた。

それから、文章を書かせるという実験に参加してもらい、半分の人には、その内容の良し悪しにかかわらず、「キミはよい文章を書くんだね」などとホメて、残りの半分には、やはり内容がよくとも、「こんな文章しか書けないの？」とけなしてみた。

それから、**やる気の変化について調べてみると、内向的な人ほど、叱られるとやる気をなくすことが判明した**のである。

外向的な人は、叱られても、そんなに気にしない。

もともと性格的に明るいというのもあるし、悪くいわれても、すぐに忘れてしまう。

ところが、内向的な人は、ちょっとでも叱られると、ものすごく気にするのだ。いろいろと考えすぎて、もうほかのことはなにも手につかなくなってしまうのである。

したがって、**相手が内向的なタイプなのであれば、私なら、「そもそも叱ることはしない」を選ぶであろう。**しょんぼりさせてしまうのも、かわいそうだからである。

かりに仕事でミスをしても、

「あまり気にしないほうがいいよ。つぎにがんばればいいんだから」

とねぎらいの言葉をかけてあげるであろう。

内向的なタイプを叱るのは厳禁である。

外向的なタイプなら、いくらでも叱ってよい。

外向的なタイプは、叱られると、むしろ発奮してやる気を出すようなところがある。

「ナニクソ！」とがんばってくれるのだから、こういうタイプはいくらでも安心して叱ることができる。

内向的なタイプがいる前で、あえて外向的なタイプを叱るのもいいだろう。

そうすれば、内向的なタイプは、自分なりにいろいろと改善すべき点に気づいてくれるだろうし、外向的なタイプは、叱られてもそんなに気にしないから大丈夫である。

昭和40年代、読売巨人軍のV9時代を築いた名将の川上哲治《てつはる》さんは、新人選手を叱りたいときには、わざと当時のスター選手だった長嶋茂雄さんをよびつけて、新人に聞こえるように叱りつけたそうである。

長嶋選手は、明るい人柄で、いくら叱られてもヘッチャラだったからだ。

内向的なタイプをそのまま叱ってはいけない。

いつまでもメソメソされて職場の雰囲気が暗くなるくらいなら、最初から叱らないほうがいい。

◆叱られるとすぐに落ちこむ人の取り扱い方法

叱らない。叱られても平気な人だけを叱ろう

22 過去をネチネチ指摘する人

・過去のミスをなんども指摘する
・記憶力がやたらいい
・でも自分のミスはけっこう忘れる

すぎたことをいつまでもしつこく指摘してくる人がいる。

「お前は、先月にも同じミスを……」

「同じことを、おれはもう6回もいっているんだぞ！」

よくもまあ、昔のことをそれだけ記憶できるものだと感心してしまう。

こういうタイプは、いったん自分が不愉快《ふゆかい》な思いをすると、いつまでもそれを忘れることがない。

性格的に粘着質で、とてもしつこいのである。

フランスにあるミレイユ大学のマリア・サストレによると、こういうタイプは、

「妄想性パーソナリティ障害」とよばれる人である。

このタイプは、いつまでも人を許さないという特徴がある。

また、このタイプは、出来事をゆがめて解釈する傾向がある。

たとえば、部下が仕事でミスをしたとしよう。

ちょっとしたうっかりミスだ。

ところが、**妄想性パーソナリティ障害の上司は、そのミスを「自分への挑発」と受けとる。**

「私の指示がくだらないということを伝えたくて、わざとミスをしたにちがいない」などと、ゆがめて解釈するのだ。

ミスをした部下の側からすれば、そんな意図は毛頭《もうとう》ないし、小さなミスであるだけにすぐに忘れてしまう。

ところが、上司にとっては、自分を侮辱《ぶじょく》するために意図的にミスをしたのであるから、とても許すことはできない。

同じ出来事（ミス）に対しても、妄想性パーソナリティ障害の人の受けとめ方は、普通の人とはまるでちがう。

そのため、叱られる部下からすると、

「どうしてこの人は、つまらないことをいつまでも覚えているんだろう？」

と首をかしげざるを得ないのである。


人を許すことができない人は、出来事に対して自分なりの「意味づけ」をしていることが多い。

なんでもない一言に対して、「自分を侮辱するつもりだ」とかってな「意味づけ」をするから、いつまでも許せない気持ちになるのだ。

なんでも物事をゆがめて解釈するような人とのつき合いは、ひじょうに厄介で、めんどうである。

精神科医でさえ、人格障害の患者の対応はもてあますそうなので（『対応困難事例に出会う医療者のためのメンタルヘルスの知識と技術』姫井昭男著、医学書院）、シロウトの私たちには、とても対応できる相手ではない。

とりあえず、「すみません」と反省した顔を見せて、てきとうに接するだけで十分である。

まともに正面からつき合おうとすると、疲労困憊《こんぱい》するだけなので、適度な距離を保ちながら、表面的におつき合いすればよい。

◆過去をネチネチ指摘する人の取り扱い方法
そういう人だと割りきって、表面上のおつき合いに徹しよう

23 自慢話が多い人

・おなじ話を何回もする
・マウントをとってくる
・SNSの発信もそういう内容が多い

「やっぱりMBA（経営学修士号）くらいは持っていないとね」

「僕が入社1年目で、社長賞をもらったときには……」

「英語とフランス語はマストとして、スペイン語も覚えようかなあ〜」

言葉のはしばしに、ちょこちょこと自慢話をはさんでくる人がいる。

自慢話を見せつけて、「自分はえらいんだぞ、すごいだろ」ということを誇示《こじ》したいのである。

こういう上司のもとで働かなければならない部下はキツイ。

米国フロリダ州立大学のウェイン・ホックワーター教授は、上司がどれだけ「大きな自慢をするか」を調べれば、部下のフラストレーションや、作業能率の低下も予測できるとしている。

上司が自慢するタイプほど、部下はフラストレーションを感じ、やる気を失うのだ。

自慢されるのは、たしかに腹立たしい。

しかし、自慢している上司はおそらく気分がいいのであろうから、**私が部下なら、てきとうにおべんちゃらを使ってヨイショしておく**であろう。

上司をよろこばせておけば、自分に対してもそんなにひどい仕打ちをしないであろう。

それに上司が出世でもしてくれれば、自分のこともついでに引き上げてくれるかもしれないからである。

「いやあ〜、やっぱりMBAを持っている人は、考え方も理論的でカッコいいですねえ」

「入社1年目から、社長賞!? やっぱり、○○さんはちがうなあ!」

「ぼくなんて、英語すら話せませんよ〜、○○さんにあこがれるなあ」

こんな感じで、お世辞をいっておけば、まずは安心である。

自慢話をしている人は、ようするに「この点をホメてほしい」ということを自分であきらかにしてくれているのだから、なにも語ってくれない人に比べたら、かえってホメやすい相手だとも考えられる。

美人の奥さんの自慢話ばかりするのなら、奥さんについて持ち上げていればよろこんでくれるし、学歴の自慢話ばかりするのなら、その学歴をホメあげてあげればよい。

自慢話をしたがる人は、どこをホメればよろこんでくれるのかがわかりやすいので、つき合いやすいタイプだともいえる。

いちばんやってはいけないのは、せっかく相手が気持ちよく自慢話をしているのに、自分はその上をいくことを話してしまうことだ。

相手にとっては、これがいちばん腹立たしい。

したがって、相手が自慢話をしているときには、自分のことはいっさい話してはいけない。

「○○さんは、どちらの大学でMBAを取得したのですか。私はハーバードなんですが……」

などということは口が裂《さ》けてもいってはいけないのである。

また、自慢話をする人は、同じ話をくり返しするものだが、「その話はもう100回くらい聞きましたよ」というのもかわいそうである。

自慢話をされたら、そのたびに大げさにおどろいて見せて、お世辞《せじ》をいってあげるとよいだろう。

◆自慢話が多い人の取り扱い方法

おべんちゃらに徹して気に入られよう

24

悪口、陰口ばかりいう人

・うわさ話が好き
・芸能界のゴシップにやたらくわしい
・その場にいない人の悪口をいいがち

他人の悪口をいってはいけない。

私たちは、そんなふうに考えている。

したがって、他人の悪口をいっている人を見ると、不快な気持ちになる人もいるであろう。

しかし、**他人の悪口をいうこと自体は、じつのところ、そんなに悪いことでもない。**

カナダにあるオタワ大学のジェニファー・テリオンは、「管理職養成コース」に参加した38歳から53歳までのミドル・マネジャーを対象に、悪口の調査をおこなっている。

その結果、悪口をいうことは、グループの凝集性、つまりグループの一体感を高めることがわかったのである。

悪口によって、グループで大笑いをしていると、一体感が高まるのだ。

これはひじょうによいメリットである。

悪口をいうことで、メンバーがどんどん仲よくなれるのであるから。

といっても、テリオンによれば、悪口にもルールがあるという。

- **その場にいない人の悪口はいうな**
- **自分について悪口をいわれたら、自分から笑え**
- **悪口をいった人を怒るな**
- **特定の人ばかりをターゲットにするな**
- **フェアにやろう**

こういうルールを守って悪口をいうのならＯＫだ。

ようするに、おたがいに公平に悪口をいい合うなら、悪口も問題はないわけだ。問題になるのは、上司が一方的に部下をののしったりする場合だ。

部下は、上司に悪口を言い返せないことが多いので、こういうケースの悪口は、本当の悪口になってしまう。

とはいえ、**悪口をいわれたときには、テリオンが指摘するように自分から笑ってしまうのがよい。**

「何回説明させるんだよ、このマヌケ！」

と上司にいわれたとき、

「ぼくは本当におバカさんなんですよ、あと10回くらい説明してください！」

と答えれば、上司のほうも苦笑してくれるかもしれない。

イギリス人は、悪口をいわれたときには、腹を立てたりせずにユーモアで切り返すといわれているが、そういうやり方を私たちもマネしたい。

イギリスのサッチャー首相が辞任するとき、議会で「もう、あなたは行きどころがないから、世界銀行の総裁にでもなったらどうです？」といわれたことがある。

これに対し、サッチャーは「それも悪くないわね」と軽く切り返して、議会を笑わせた。こういうユーモアを見習いたいものである。

◆悪口、陰口ばかりいう人の取り扱い方法

いっしょに悪口をいおう。あるいはユーモアで切り返そう

25 言い訳して、他人のせいにする人

・なかなか謝らない
・言い訳をしているという自覚がない
・改善しようとしない

仕事で失敗をするのは、しかたがない。

仕事には失敗がつきものだからである。

全能の神でもない人間なら、失敗するのが当たり前なのである。

失敗するのはしかたがないが、それに対して言い訳をするのは、たいへんに見苦しい。

したがって、**失敗したときに言い訳ばかりをする人がいたら、「こういう人にならってはいけないな」と思えばいい。**

そういう人を反面教師とさせてもらって、ぜったいに自分ではそういう人にな

らないようにするのである。

また、**ログセのように失敗の言い訳を口にする人には、折を見て、「そういうことは、自分のためにならないよ」と教えてあげるとよいだろう。**

「失敗の責任を他人になすりつけているうちは、自己成長できないよ。なぜなら、他人に責任を押しつけていると、『おれはなにも悪くない』と感じるだろうし、自分なりに改善しようとしたり、努力しようとしたりしなくなるからね。それは、結局、自分のためにならないと思うよ」

あるいは、言い訳をする人は、悪く評価されることも教えてあげるとよい。

「自分で失敗の責任をとれない人は、『責任感が欠如《けつじょ》している』ということで、どうしても勤務評定は悪くつけなければならなくなるんだよ。悪く評価されるくらいなら、むしろ、『責任はすべて私にあります』といってしまったほうがいいんじゃないかな」

そういうことを、やんわりと教えてあげるとよい。

相手に聞く耳があれば、すこしは改善されるのではないかと思われる。

米国ミズーリ大学のキャサリン・リオダンは、48名の大学生たちに架空の国会議員が1000ドルのワイロを受け取ったという記述を読ませ、その国会議員についての評価を求めてみた。

なお記述のなかで、その国会議員は、正当化をしたり（「みなさんだって、贈りものくらいは受けとるでしょう？」）、言い訳をしたり（「私はラウンジで酔っていたんです」）する。

だが**正当化にしろ、言い訳にしろ、悪く評価される**ことが明らかになった。正当化も言い訳も、有効な方法ではないのだ。

失敗したときには、開きなおって、「すみません、失敗しました」といえるようになろう。

他人に責任をなすりつけるのでなく、すなおに謝ることを、組織の、あるいはグループのルールにしてしまうのもいい。

ルールになっていれば、「すみません、失敗しました！」とだれでもいいやすくなるからである。

また、もしも失敗した人に、減給などの罰を与えたり、上司がののしったりする環境なら、それをやめるのも、言い訳する人を減らすのに効果的だ。

失敗に対してきびしい環境だと、自分のミスだと認めたくない心理がはたらき、ついつい言い訳をしてしまう人が多くなる。

ぎゃくに、失敗してもそれほどとがめられない環境なら、すなおに謝りやすくなるからだ。

◆言い訳して、他人のせいにする人の取り扱い方法

反面教師にしよう。やんわり注意しよう。懲罰を与えよう

26 急かして、焦らせる人

・なんども連絡してくる
・すぐ電話をしてくる
・本人が焦っていて、それが連鎖する

自分のペースで仕事をしたいのに、ほかの人から急《せ》かされると、思うような仕事ができないということで悩んでいる人もいるであろう。

じつは、頭がいい人ほど、こういうプレッシャーには弱い。

米国マイアミ大学のシアン・ベイロック教授は、頭がいい人ほど、プレッシャーがあるときには問題が解けなくなることを明らかにしている。

そんなに頭がよくない人は、プレッシャーがあってもなくても、成績は変わらなかった。

頭がいい人は、プレッシャーを感じると、思うように仕事ができなくなる。この状態を、「チョーキング」という。

「チョーキング」とは、「息がつまる」という意味だ。

一般に、頭がいいことは、仕事をするうえでとうぜん有利なのであるが、プレッシャーを感じやすくなる、というデメリットもある。


したがって、**仕事をするときには、ちょっぴり「おバカさん」になってしまうのもひとつの手だ。**


頭がいい人は、他人のいうことをそのまま真に受けてしまうので、プレッシャーを感じてしまう。

だから、ちょっぴりおバカさんになって、なにをいわれても「柳《やなぎ》に風」と受け流していれば、プレッシャーを感じることもない。

他人から「もっと早く」と急かされても、

「は～い、わかりました、全速力でやります！」

と返事だけは元気よくして、自分のペースでゆっくりやるのである。

けっして急いではいけない。

急かされていることがわかっていても、いわれていることがよくわかっていない人間を演じるのである。

頭がいい人、仕事ができる人を演じてしまうと、相手からの期待はどんどん高くなり、それにつれて多くの仕事をまかされるようになる。

当然、仕事のプレッシャーもきつくなってくる。

それがいいというのであれば話は別だが、どうにも息がつまるというのであれば、おバカさんを演じて、そんなに期待されないようにするのがよい。

期待されなければ、まかされる仕事も減らされるであろうから、プレッシャーも感じにくくなる。

優秀な人ほど、仕事のプレッシャーを感じやすく、最悪の場合には自殺してしまうこともある。

ぎりぎりのプレッシャーを感じながら仕事をしていれば、精神的に追いつめられていくのもしかたがない。

抜けたところがあるというか、本当は切れ者なのに、おバカさんを演じること

もけっして悪くはない。

自分のペースで仕事をしたいのであれば、実力をかくすのも立派な作戦だ。

昔の人は、「能ある鷹《たか》は爪を隠す」という、ひじょうに参考になる教えを残していることからも、それはわかるだろう。

◆急かして、焦らせる人の取り扱い方法

バカになって、返事だけしておこう

27 動作がノンビリすぎる人

・仕事はマジメでていねい
・むりに急がせるとミスが増える
・いつまでかかるのかヤキモキする

レジで、お客さまの包装をていねいにするのはよいことである。

しかし、ほかのお客さまがズラリとうしろに並んでいるのに、それでもスピードアップせず、ゆっくり、ゆっくり包装をする人がいるとしよう。

その人は、基本的におっとりしている人だとする。

さて、読者のみなさんなら、こういう人にどう対応するのだろうか。

「時間があるときに、包装の練習をしたほうがいいよ」とアドバイスするだろうか。

「少しくらい雑でもいいから、混んでいるときはスピードアップしてよ」と求めるだろうか。

もし私がその人の先輩なら、おそらくそんなアドバイスはしない。なぜなら、その人は性格的にマジメで融通《ゆうずう》がきかないのだから。

他人の性格を変えさせるのは、ムリなのである。

できないことを「やれ！」というのは、アドバイスにはならない。


では、私ならどうするだろうか。

おそらく私なら、

「ていねいに包装いたしますので、お時間を5分ほどいただけるでしょうか？」

というようにさせるであろう。

うしろのお客さまたちにも聞こえるように、である。

私たちは、あらかじめ「5分くらい待たされる」「待ち時間は10分」などと伝えられると、それなりにガマンできるのだ。

イスラエルの心理学者ナイラ・ミュニチャーは、大学の研究室にかかってきた電話で、おもしろい実験をしている。

電話をかけてきた人123名に対して、すぐに電話に出なかったのだ。そして、3つの条件で、どれくらい相手が電話を切らずに待ってくれるのかを測定してみたのである。

条件Aでは、そのまま待たせた。よび出している間に音楽は流れているが、そのまま待たせたのである。待たせる上限の時間は108秒とした。それ以上は、実験とはいえ、かわいそうだからである。

条件Bでは、よび出している間に音楽が流れ、等間隔で音楽がストップし、「お待たせして申しわけございません。そのままお待ちください」というメッセージが流れるようにした。

やはり待たせる時間の上限は108秒である。

条件Cでは、やはり音楽が流れるのだが、等間隔でストップして、待たされる状況について説明した。

「現在、あなたは3番目です」「現在、あなたは2番目です」「つぎが、あなたの番です」と3回のメッセージが流れてから、108秒が経過したところで電話に出るようにした。

待ちきれずに切ってしまった人のデータをとってみると、条件Aは69・4%が切ってしまった。条件Bも、66・7%は切ってしまった。

ところが、条件Cでは、35・9%しか切らなかったのである。

私たちは、どれくらい待たされるのかがわかれば、それなりに耐えられるのである。

動作がおっとりしていて、あまり機敏に動けない人には、

「どれくらい待たされるのかを相手に教える」

というテクニックを指導してあげよう。

そうすれば、待たされるほうも、そんなにイライラしなくなるはずだ。

◆動作がノンビリすぎる人の取り扱い方法

「いつまでにできるのか」を相手に伝えさせよう

28 何度も同じことを聞く人

・メモをとっていない
・メモをとってもすぐなくす
・いろいろ忘れっぽい

同じことを何度もいわないと、きちんと実行してくれない人がいる。

忘れっぽい人なのであろうか。

たとえば、待ち合わせにも遅れてくることがおおかったり、ひどいときには、待ち合わせしたこと自体を忘れて、すっぽかすこともある。

こういうタイプには、「コミットメント」（行動的なかかわり）をたくさんさせるようにすると、うまくいく。

病院では、患者さんが約束の診察日をすっぽかすことがよくある。

しかし、これでは病院の経営者としてはひじょうにこまる。

この問題を解決するように依頼された、イギリスのコンサルティング会社、インフルエンス・アト・ワーク社のスティーブ・マーティンは、**「コミットメント」**をさせるほど、患者のすっぽかしはなくなるであろうと考えた。

そこでまず、予約をするときには、日づけと時間を復唱させるようにしてみた。わざとめんどくさいひと手間を加えてみたわけである。

このテクニックをすると、翌月には診察をすっぽかす人が3・5％減った。

しかし、復唱させるだけのコミットメントでは、その効果が小さすぎるのか、3・5％は減少したものの、大幅な減少ではない。

そこでマーティンは、さらにコミットメントの度合いを強くした。

「つぎの診察は、火曜日の午前10時35分です。この登録番号を控えておいてください。123－456－7」

といった数字を見せて、患者自身に、登録番号のメモをとらせたのだ。

患者にとっては、めんどくさいことかもしれないが、「123－456－7」といった登録番号をメモさせるようにすると、前の6か月の平均より、18％も診察のすっぽかしを減らすことができたのである。

何度も話を聞いてくる人には、「話を聞かせて教える」という行動では、コミットメントが小さすぎるのだ。だから、忘れてしまうのである。

したがって、そういう人には、さらにつよいコミットメントを求めるのがよい。

「いまから、私が話すことをメモにとって、それを机にはりつけておいて」

「いまから話すことを、手帳に書きとめておいて」

こういう手間をかけさせたほうが、相手もしっかりと理解してくれて、いうことを守ってくれるかもしれない。

あえてめんどうなことをさせたほうが、人は、しっかりと実行してくれるようになるのである。

このテクニックは、いろいろと応用ができるので、さまざまな場面で実践してみるとよいであろう。

◆何度も同じことを聞く人の取り扱い方法

メモをさせるなど、コミットメントさせよう

29 口が軽くておしゃべりな人

・むだ話、立ち話が多い
・プライベートなことをいろいろ聞いてくる
・「ここだけの話」が口ぐせ

どんなことでも、ペラペラと周囲の人に話してしまう人がいる。

スピーカーのような人だ。

こういう人には、絶対に自分のプライベートな話などをしてはいけない、というのがまず基本となるセオリー。

自分が社内のだれを好きなのかとか、風俗にかようのが好きであるとか、そういうプライベートな話は、いっさい厳禁だ。

なぜなら、スピーカーのような人物に話すと、翌日には、職場にその話が広まってしまう懸念《けねん》があるからである。

「こいつは口が軽そうだな」と思われる人には、プライベートな話を教えなくていい。

もし聞かれても、てきとうにごまかして、ぜったいに答えてはいけない。

「○○ちゃんは、彼氏っているの？」

「さあ、どうなんでしょうね」

「○△さんって、どういう女性がタイプなの？」

「う〜ん、基本的にきらいな人っていないいですね」

こんな感じで、のらりくらりとてきとうにごまかしておけばよい。

2、3度ごまかしていると、むこうもめんどくさくなるのか、質問を切り上げてどこかに行ってしまう。

また、話し相手がだれかのゴシップをおもしろおかしく話しているときには、うまく話題を変えてしまうようにしよう。

その場で話を聞いていただけなのに、あとになって、「あなたもあいつといっしょに私の悪口をいっていた」などと思われては、たまったものではない。

たとえ自分で話していなくとも、同罪と見なされかねないのである。

ちょっとでもだれかの悪口だなと感じたら、すぐに話題を変えよう。

「ところで、○○の話なんだけど」と、方向転換してしまうのがいちばんだ。

米国ノースイースタン大学のジャック・レヴィンは、さまざまな人のおしゃべりをこっそりと聞いて（調査は8週間つづけられた）、どんなゴシップが多いのかを調べてみた。

その結果、女性のゴシップの話題は友人や家族が多く（56％）、男性の話題はスポーツ選手や、タレントが多かった（46％）。

男性の場合、身近な人のゴシップではないので、べつに話していてもたいして害はないのだが、女性の場合には、身近な人がゴシップの対象になりやすいという特徴がある。

そのため、**女性とおしゃべりしているときに、身近な人のゴシップ（たとえば部長のうわさ話）が出てきたときには、すぐに話題を変えたほうがいい。**

他人のゴシップを話すのは楽しいことではあるが、話題にされている人は、おもしろくないに決まっている。

だから、なるべく身近な人の話はしないほうがいいであろう。

◆口が軽くておしゃべりな人の取り扱い方法

プライベートな話をしない。話題を変えよう

30 ボディタッチが激しい人

・グッと肩をつかんでくる
・会話のときに距離がやたらと近い
・態度がなれなれしい

やたらと体に触れようとしてくる人がいる。

相手の同意がないまま体に触るのは、完全なるセクシャル・ハラスメント（セクハラ）である。

セクハラというと「職場内」を指すことが多いが、お客さんやクライアントからされるものも少なくない。

米国メリーランド大学のヒラリー・ゲットマンは、弁護士、コンサルタント、OLさんたちを対象にした調査をおこなって、86％が少なくとも、一度はお客さんからセクハラを受けた経験があることを突きとめた。

かなりの確率で、お客からセクハラを受けているのである。

では、どうしてセクハラが起きるのか。

ゲットマンによると、**こちらの立場が弱いときに、セクハラは発生しやすい。**

仕事の場合でいうと、お客やクライアントを王さまのようにあつかっていると、「自分はなにをしても許されるのだ」と勘ちがいをして、セクハラにおよぶのである。

職場内でのセクハラも、基本的なメカニズムは同じだ。

だいたいセクハラは、強い人間が、弱い人間を相手におこなう。

部下や後輩が、先輩や上司にセクハラをする、という話はあまり聞かない。だいたい立場の強い人間が、弱い人間におこなうのがふつうである。

ボディタッチも同じだ。

やたらに相手に触ろうとするのは、そうすることによって、「おれは好きなようにお前に触ることができる。なぜなら、おれのほうが立場は上なんだからな！」

ということを誇示したいのである。

つまりは、マウンティングのような行動の一種だと考えられるのだ。

相手にパワーがあると感じさせてしまうと、ボディタッチされる可能性も高くなるであろう。

とはいえ、体を触られるのはあまり気分のいいことではない。

それを避けるためには、**一貫して毅然《きぜん》とした態度をとり、必要とあらば、「法的措置も辞さない」ということをにおわせる**ことである。

「ぼくは同性同士でも、触られるのが好きじゃないので、セクハラで訴えますよ」

「つぎに触ったら、本気で訴訟を起こしますよ」

毅然とした態度をとればとるほど、相手はボディタッチをやめてくれる。

「こいつを相手にするとめんどうだ」と感じさせるのがコツである。

めんどうな人間にボディタッチするよりは、もっとめんどうでない人間（泣き寝入りしてくれそうな相手）をさがそうとしてくれるはずである。

上司やお客、クライアントが相手だと、なかなかやめてほしいといいにくいのはわかるのだが、ボディタッチは立派な犯罪。
ガマンする必要はどこにもないのだという認識をつよく持つべきである。

◆ボディタッチが激しい人の取り扱い方法

毅然とした態度で「めんどうなヤツ」だと思わせよう

31 イジり、イヤがらせをする人

・体型や外見をからかってくる
・持ち物や食事をからかってくる
・イジりをコミュニケーションの一環だと思っている

これは、セクハラをしやすい人の特徴でもあるのだが、相手がイヤがることをしようとする人は、もともと「他人の気持ちを読むのがヘタ」である。

米国サウス・ダコタ大学のウィリアム・シュウェインル教授は、女性がカウンセリングを受けているビデオを見せながら、ときおり、実験者がビデオを停止し、「このときの女性はどういう気持ちだろうか？」と質問してみた。

また、セクハラをしがちな傾向を調べるテストも受けてもらった。

その結果、**セクハラをしがちな人は、人の気持ちを読むのがとてもヘタだということがわかった。**

つまり、共感性がとてつもなく低いのである。

相手がイヤがることを平気でできる人は、相手がイヤがっている気持ちがわからない。

そのつらさや苦しさに共感できない。

だから、イヤがらせをいつまでもやめないのである。

イジメをする人は、だいたいみんな共感性が低い。

「遊びのつもりだった」

「そういうつもりはなかった」

だいたい、イジメをする人はみんな口をそろえてそんなことをいう。

被害者が、どれだけイヤな思いをしているのかがわかれば、そもそもイジメなどしないものだ。

では、**どうすればイヤがらせをやめてくれるのかというと、本気で怒っているところをアピールして伝えるしかない。**

「やめてくれよ～」とよわよわしい言い方をするのではなく、

「やめろっていってるんだよ！」

と怒った顔でどなり声を上げれば、さすがに共感性のない人間でも、こちらがイヤがっていることをわかってくれるであろう。

「おいおい、本気で怒るなよ〜、冗談なんだからさ」

と手のひらを返して懐柔《かいじゅう》しようとしてきても、

「ふざけんな、つぎにやったら、ぶちのめすぞ！」

と、鼻息をあらくして許さないという態度を見せよう。

そういう態度を見せれば、相手からのイヤがらせはやむ。

気の弱い人は、どうしても他人にイジられやすい。

しかし、そんな人でも、1回でも感情的にキレてみせれば、イジろうとする人はいなくなる。

何度も感情的に爆発する必要はない。

1回でも本気でキレてみせれば**「あいつはキレたら怖い」**と周囲の人たちも思ってくれる。

中村健一さんの、『策略ブラック授業づくり』(明治図書)という本を読んでいたら、小学生をうまく指導するには、学校の先生は春のはやい時期に、一度ブチ切れて怒ってみせたほうがいいというアドバイスがあった。

先生は、やさしい顔を見せているだけでは子どもたちにナメられ、いうことを聞かせられなくなるので、「わざと」怒ってみせるのもいいアイデアだそうである。

私も、これには同意見だ。

つまらないイヤがらせをしてくる人には、まだ軽い段階のイジリでも、本気でキレてみせよう。

そうすれば、二度とイヤがらせを受けなくなる。

◆イジリ、イヤがらせを何度もする人の取り扱い方法

一度、本気でキレてみよう

32 オヤジギャグを何度もいう人

・中年以降の男性に多い傾向
・つまらないことは半分くらい自覚している
・本人はたのしそう

「ぼくは、ワインに、よワインですよ」

「トイレに、いっトイレ」

などなど、どの職場にも、おもしろくもないダジャレやオヤジギャグを連発している人がひとりくらいはいるものである。

毎日のようにそんなギャグを聞かされる人は、いいかげんウンザリしていることと思われる。

しかし、それは、一方的にくだらないギャグを聞かされてしまっていることが原因である。

自分自身もギャグをいう側にまわってしまえばいいのだ。

自分もギャグをいう側にまわれば、他人のギャグも苦痛ではなくなる。だれかがギャグをいってきたら、そのギャグにかぶせるようにして、自分もそれに応じよう。

すると、相手もさらにギャグをいってくるだろうから、それに対して自分もまたギャグで応じるのである。

こういうやりとりは、当事者にとっては、ひじょうに有意義で、たのしい。**ギャグを聞かされるだけだから、不愉快な気持ちになるのであって、自分も加わってギャグをいう側に回ればよいのである。**

だいたい、子どもたちは、くだらないことをおたがいにいい合いながら、ケラケラとずっと笑っている。はたから見たらつまらない話でも、当事者にとってはひじょうに愉快なことなのである。

大人になってからも同じで、会話を一方的に聞かされることほどつまらないことはない。

自分でもギャグを積極的にいう側にまわることで、職場の会話もたのしくなってくるはずだ。

会議でもそうであろう。ほかの参加者が発言しているのを、ただ聞いているだけでは、退屈だし、うんざりしてくる。

ところが、自分も発言する側にまわれば、会議というのも、けっこうたのしめるものである。ギャグもまた同じだ。

米国パーデュ大学のウェイン・デッカーは、職場でのジョークやユーモアについて研究しているが、たとえば部下がジョークをいうと、上司からもユーモアが返ってきて、職場の雰囲気がよくなってくるそうである。

ジョークをいい合うというのは、けっして悪いことではない。

むしろ、職場の雰囲気をよくする潤滑油《じゅんかつゆ》としての働きをする。

「勤務時間中は、しゃべらずに黙々と仕事をすべきだ」と考える人もいるだろうが、そうはいっても少しくらいは張りつめた雰囲気をやわらかくすることも必要であろう。

だれかがギャグやダジャレなどをいい始めたときはチャンスなのであり、それに合わせて、自分もどんどんギャグを「いう側」にまわってみてほしい。

だまされたと思って、一度はやってみよう。

他人のギャグもおもしろく感じてくるものであるし、職場の雰囲気もよくなるので、一石二鳥である。

◆オヤジギャグを何度もいう人の取り扱い方法

自分もオヤジギャグをいおう

PART 4

めんどくさい人には
シュークリームをあげよう

33 行動が予測不能な人

・そのときの気分で行動が変わる
・きゅうに仕事をやめたりする
・いきなりムチャ振りしてくる

いきなりイスから立ち上がると部屋から出て行ってしまうなど、突飛《とっぴ》な行動が多くて、どう対処してよいのかわからない人がいる。

心理学では、こういう突飛な行動をとる人を、「衝動的《しょうどう》な人」と分類している。

たいていの人は、衝動を感じても、すぐには実行しない。

衝動のコントロールが、ある程度はできるのがふつうである。

ところが、衝動的な人は、こういうコントロールができない。

「会社がイヤだな、辞めたいな」と思っても、たいていの人は「それでもしかたない」などと自分を納得させたりして、衝動をうまくコントロールする。

ところが、衝動的な人は、「辞めたい」と感じたら、すぐに上司のところに行って辞表を出してしまい、上司をおどろかせるようなことをする。

衝動的な人は、もともと衝動的な性格だというのもあるだろうが、仕事がいそがしすぎて、自分が処理できる能力を超えてしまっているとか、あるいは睡眠不足だったりする可能性もある。

米国のウォルター・リード陸軍調査研究所のウィリアム・キルゴアによると、夜ふかしする人ほど、衝動的になりやすい傾向があるという。

また、23時間の断眠をさせると、さらにこの傾向は顕著《けんちょ》になるそうだ。

睡眠不足だと、だれでも衝動的になることはある。

いきなり乱暴になったり、いきなり自動車の運転があらくなってしまったり、衝動的な行動をとってしまいやすくなるのは、単純に寝不足が原因だったりする。

したがって、突飛な行動が多い人には、とりあえず、残業の量の減らしてあげるとか、きちんと睡眠をとらせるようなケアが必要かもしれない。

しばらく仕事を休ませるのもいいであろう。

突飛な行動をとってしまうということは、自分ではもう衝動をコントロールできなくなっているのである。

それだけ追いつめられた精神状態にあるといえるので、そういう人にはあまり仕事を押しつけないほうがいいのだ。

はずかしい話なのであまりいいたくはないが、私も仕事がいそがしくて、ちょっとパニックになっているときには、おかしな歌を歌ってみたり、なぜか上半身ハダカになっていたり、よくわからない行動をとってしまうことがある。

精神的にまいっているときには、だれでも行動がおかしくなるのである。

突飛な行動が目立つようになってきたら、その人の心が悲鳴を上げているサインだ。

そういうときには、すこしだけやさしい態度で接してあげるとよい。

◆行動が予測不能な人の取り扱い方法

仕事の量を減らしたりして休ませてあげよう

34 締切を守れない人

・自分でいった締切が守れない
・延ばした締切も破りがち
・間際になって「やっぱり間に合いません」という

今週中に仕上げなければならない仕事なのに、木曜日になってもまだなにも手をつけていないとか、2週間以内に納品しなければならないのに、いつまでも作業に取りかからないとか、時間に対してひじょうにルーズな人がいる。

しかし、こういう傾向は、すくなからず私たちのだれにでもある。

私たちは、自分のことになると、ものすごく見とおしが甘くなる。「自分なら、期日内に仕事を終わらせることができる」と、なんの根拠もなく信じこんでしまうのだ。

だから、予想がはずれて、相手に迷惑をかけてしまうのである。

カナダにあるウォータールー大学のイアン・ニューバイ・クラークは、75名の大学生に課題を与え、「どれくらいで終わらせることができると思うか？」と見込みをたずねてみた。

すると、平均して「締切の1・35日前に仕上がるだろう」という答えが返ってきた。

ちなみに、「締切を守れずに超えてしまうかもしれない」という予想をした人はゼロであった。

では、すべての人がきちんと課題を提出できたのかというと、とんでもない話であった。67%の学生は締切を守れなかったのである。

「締切をオーバーする」と予想した人などゼロだったのに、約7割の人は、締切をオーバーしたのであった。

私たちは、自分のこととなると、ものすごく見込みが甘くなる。

したがって、人に予算や日数などの見込みを立てさせるときには注意が必要である。

「この仕事は、いつまでに終わらせられそうだ？」

「そうですね、10日もあれば楽勝だと思いますよ」

もしこんなやりとりをして、

「なるほど。10日後には仕事が終わっているのだな」

と考えてしまうとしたら、10日後には、期待が裏切られて、大いに失望させられることになるであろう。


では、どうすればより正確な見込みをさせることができるのだろうか。

いちばんいいやり方は、

「最悪な出来事が、つぎからつぎに、起きたとしたら」という条件で最悪の想定についてたずねてみることだ。

「この仕事は、いつまでも終わらせられる？」

「そうですね、10日もあれば」

「もしほかの仕事や、ジャマが入ったり、資材がとどかなかったり、最悪のことがつぎからつぎへと起きたとしたら、どれくらいで終わらせられる？」

「そうですね、それなら1か月でしょうか」

私なら、こういう聞き方をして、「1か月くらいかかりそうだな」と予想する。人間の見込みはどうしても甘くなりがちなので、最悪の想定について考えたほうが、より現実に近い予想になるからである。

時間にルーズな人も、けっして悪気があってウソをつこうとしているのではないのだ。

ただ、私たちの見込みが、ものすごく甘いだけである。

したがって、それを責めたりはせず、最悪の想定をしておくようにしよう。最悪の想定をしておけば、少なくとも、相手がウソをついたと感じて失望させられることはなくなるからである。

◆締切を守れない人の取り扱い方法

「最悪の事態を想定」させたうえで見込みをきいておこう

35 プライベートを根掘り葉掘り聞く人

・住所や家族構成などを聞いてくる
・本人に悪気はなさそう
・会話のきっかけをつくりたいだけかもしれない

プライベートなことばかり質問してくる人には、

「プライベートなことを聞く人って、嫌われるみたいですよ」

と、しょうじきに教えてあげよう。

だれだって、嫌われたくはないので、あまり質問してこなくなるのではないかと思われる。

わざと嫌われようとしているのでなければ、「そういうことを聞く人は嫌われる」と教えたとたんに、質問をやめてくれるものだ。

米国ウェイン州立大学のカルマン・カプランは、ビジネスのインタビューだといつわって、ある人には、プライベートな質問をし、別の人には、当たりさわりのない質問をしてみた。

プライベートな質問とは、たとえば、

「あなたはセックスの夢を見ますか?」

「初体験の年齢は何歳でしたか?」

「両親に対してついたウソは?」

といった質問である。

当りさわりのない質問とは、

「去年は、何回くらい風邪《かぜ》をひきましたか?」「ヒマなときには、なにをしてすごしていますか?」

などが用意されていた。

さて、インタビューが終わったところで、面接を受けた人にインタビュアーへの好意をたずねてみると、プライベートな質問をするインタビュアーほど嫌われることが判明したのである。

私たちは、あまりプライベートなことを聞かれたくないのだ。

したがって、プライベートなことを聞いてくる人には、「そういうのって、すごく嫌われますよ」と教えてあげればよい。たいていの人は、自分が嫌われるようなことをしていると気づいて、すぐにやめてくれる。

私も若いころに、まったく悪気はなかったのだが、女性に年齢を聞いてしまい、「先生、女性に年齢を聞くのは失礼ですよ」と諭《さと》されたことがある。

それ以降は一度も女性に年齢をたずねたことがない。

社会人になりたてのころには、そういうマナーがあることも私は知らなかったのだ。

大学生のときには、女性に年齢を聞いても失礼だということはなかったので、まったくわからなかったのである。

聞かれた人にとっては、プライベートなことなのであまり教えたくないのだが、質問をするほうには、プライベートな話題を切り出したというつもりが全然ない、ということもある。

たとえば、「あなたはどこに住んでいるの？」という質問をする人がいるとしよう。その人は、ただ単純に「会社までの通勤時間を知りたいだけ」なのかもしれない。

ところが、質問をされたほうは、自分の住所を聞こうとしているのだと感じて、ストーカーのようで気持ち悪いと思うかもしれない。

こんなときにも、「プライベートなことを聞く人は嫌われますよ」と教えてあげると、質問したほうは、そういう意図はまったくないわけなので、すぐに質問をやめてくれる。

◆プライベートを根掘り葉掘り聞く人の取り扱い方法

やんわりと諭してみよう

女性のほうは、ハッキリと断っているというのに、何度もデートに誘おうとする男性がいる。

「イヤよイヤよも、好きのうち」という言葉があるが、女性が「イヤ」といっているのに、男性は自分が断られたとは思わないのであろう。

そのため、しつこく誘いをくり返してしまうのである。

オーストラリアにあるマードック大学のレイチェル・オーバーンは、男性と女性の間にはこういう〝ミスコミュニケーション〟が生まれやすいと指摘している。


男性は、女性がイヤがっていることに気がつかない。

デートレイプ（デートで合意のないまま性行為におよぶこと）などは、こういうミスコミュニケーションが原因だとオーバーンは述べている。

では、断っているのに、それでも誘ってくる人にはどう対処すればいいのか。

いちばんの方法は、完全に「無視」するのである。

相手の気を悪くしないように、やんわりと断ると、かえって男性に誤解させてしまう。

「ごめんなさい、週末は忙しくて、映画は見に行けないんです」

と断ったとしても、男性は断られたとは思わず、

「それなら、平日のデートならＯＫなのかな」

とおかしなことを考えるのが、ふつうである。

そのため、好きでもない男性から誘われたときには、まったくなんの返事もせず、ただ〝黙って〟いるのである。

なにか答えようとするから、誤解されてしまうのであって、なにも返答しなければ、誤解のしようもない。

ラブレターをもらったり、メールで誘われたときも同様である。

とにかく、いちばんいいのは「返事をしない」「返信しない」に尽きる。

返信して断ろうとするから、しつこく何度も誘われるのだ。

完全に無視してしまえば、相手も自分が嫌われていることに気づく。


「無視する」というやり方は、心理学的には「サイレント戦略」とよばれている。

この戦略は、政治家が多用している。

記者から質問されたくない質問をぶつけられたとき、ただ黙って記者を見つめるだけで、なにも答えないというサイレント戦略なのであるが、このやり方はきわめて有効である。


「相手を傷つけないように、やんわりと断ろう」とするから、状況はますますおかしくなっていくのであって、そういうことにならないためには、完全に無視するのがいちばんである。

おかしな誘いをされそうになったら、いっさい口をきかず、ただ黙ってうつむいていることで、拒絶していることを相手に伝えればよい。

◆しつこく誘ってくる人の取り扱い方法

無視しよう

37 自分ルールを押しつけてくる人

・自分のやり方がぜったい正しいと思っている
・仕事のやり方まで指示してくる
・言い方が高圧的、命令口調

私たちは、他人からの押しつけを嫌う。

これは、だれでもそうである。

私たちは、自分の自由や選択がおびやかされそうだと感じると、「心理的反発」を感じる。これを「リアクタンス」という。

自分の自由がおびやかされれば、おびやかされるほど、リアクタンスは大きくなる。

「私のやり方のほうがはやいよ。キミも同じようにやりなよ」

「早朝出勤は気持ちいいよ。電車も空いているし。キミも早朝出勤にしなよ」

こういう押しつけは、ありがた迷惑であるばかりか、つよく求められれば、求められるほど、

「ぜったいに、そんなことはしたくない！」

という気持ちになってしまう。

それが自然な人間の反応だ。

米国ノース・ダコタ州立大学のジャニー・フォガーティは、生命に危険のない病気の患者さんを対象に、6名の男性のお医者さんが、どのように薬の飲み方を指示するのかについて実験を行っている。

3人のお医者さんは、「絶対にこれを飲むように」といったような押しつける感じで指示を出した。

残りの3人のお医者さんは、「薬を出しておきますので」といったソフトな指示を出した。

それから患者がきちんと薬を飲んだかどうかを調べてみると、医者が高圧的に指示を出したときには、患者はリアクタンスを感じて、きちんと薬を飲まなくなることがわかったのである。

「これをやれ！」といわれると、私たちはむしろ、やりたくなくなってしまう。

マイルールを押しつけてくる人に対して、「カチン」とくるのは、だれでもそうなのである。

自分の自由がおびやかされたと感じると、自由をとりもどすために、心にリアクタンスが起きるのである。

とはいえ、ふくれっ面をして、「私には、私のやり方がありますから」とつよく反対するのも、社会人としていただけない。

相手も善意でアドバイスしているだけかもしれないからである。

したがって、自分がイヤだなと感じても、真正面から反対するのではなく、

「そうですね、そのうち試してみます」

などとてきとうにお茶をにごしておけばよい。

イヤなことを求められたときには、お茶をにごすのが、いちばんである。

私も、そうやってお茶をにごすことが多い。

わざわざ、相手との間にしがらみを生み出す必要もないと思うので、リアクタンスを感じても、お茶をにごしてごまかしている。

たとえば、私はゴルフをやらない。

というか、やりたくもない。

にもかかわらず、

「健康にいいから、内藤先生もゴルフをやりなよ。絶対にやったほうがいいよ」

としつこい人がいる。そんなときにも、

「そのうちに考えてみます」

とお茶をにごしてその場を切りぬけている。

押しつけてくる人に対しては、てきとうにお茶をにごすくらいが現実的にはいちばん問題がないのではないかと思うのだが、いかがだろうか。

◆自分ルールを押しつけてくる人の取り扱い方法

「そのうちやります」とお茶をにごそう

38 監視・管理しようとする人

・進捗状況をいちいち聞いてくる
・こまかいところまですべて聞きたがる
・あれこれ指示を出したがる

かつて、「ニコポン管理術」なるものが、職場でもてはやされたことがあった。

上司というものは、部下に向かって「ニコッ」と笑って、「ポン」と肩をたたいてあげるだけでよい、という管理術である。

正確にいうとこれは管理術ではない。

なにしろ、まったく管理をしないのだから。

ようするに「ニコポン管理術」というのは、部下にそっくりまかせて、よけいな口出しをするな、という管理術なのである。

ところが時代が変わったのか、やたらに部下を管理しようとする人が増えた。

職場には、部下のやることなすこと、すべてを監視しないと気がすまない上司も増えてきたように思う。

なんでも管理する上司は、心理学的にはいちばん嫌われる上司だ。

カナダにあるウェスタン・オンタリオ大学のジェーン・ハウエルは、「どんなリーダーがいいのか」についての研究をおこなった。

部下に対して共感的なリーダーや、期待してくれているリーダーなどは人気があり、いちばん人気がないのは、なににでも口を出すリーダーであった。

仕事の内容をこまごまと決めて、時間や仕事の量にまで口を出す上司は、人気がなかったのである。

管理をしたがる上司は部下からの人気がないのに、なぜそういう上司が増えたのだろうか。おそらくは、部下の行動に口を出していないと、自分が上司であるという気持ちを感じられないからであろう。

指示を出していることで、「おれは上司なんだぞ」ということを感じたいがために、部下の行動を管理しようとしているのだと心理学的には考えられる。

つまりは、上司が自己満足のために監視・管理をしているのであって、そんなものにいちいちつきあわされる必要はないと感じる人も多いのではないか。

とはいえ、上司は上司であるから、**私ならあえて「自分からどんどん報告にいく」を選択する**であろう。どうせ上司によばれるなら、自分から出向いて、どんどん報告してしまったほうがストレスは少ないからである。

上司がうんざりするほど報告に出向けば、「報告は2日おきにまとめてしてくれればいいから」「1週間ぶんをまとめて連絡してくれると助かる」などといってくれるかもしれない。

自分から報告に出向かないから、上司によびつけられるのである。

自分から報告にいけば、むしろ上司のほうが報告を聞くのをめんどくさくなって、あまり管理しなくなるのだ。

◆監視・管理しようとする人の取り扱い方法

相手がイヤになるくらい、自分から報告しまくろう

39 ガンコな人

・一度決めた意見を変えない
・自分の意見を押しとおそうとする
・相手の意見に耳をかたむけない

かたい木のイスに座っていると、私たちの心も頑《かたく》なになりやすい。

ところが、やわらかなソファに座っていると、今度は、心もやわららかくなる。

私たちの心理には、そういうところがあるのだ。

したがって、**ガンコな人を相手にするときには、できるだけやわらかなソファなどに座らせながら、対応するとよいであろう。**

米国マサチューセッツ工科大学のジョシュア・エイカーマンは、かたい木のイスか、やわらかいソファのどちらかに座らせて交渉をやらせてみた。

自動車を買うために販売店をおとずれ、購入希望価格を提示したが、拒絶されたという前提で、再提案をさせるという実験である。

なお、自動車には1万6500ドルという価格がついている。

では、いくら支払ってもよいと再提案したのか。

かたい木のイスに座っていたグループでは、平均して8965ドルしか出せないと頑なな態度をつづけた。半値近い価格で自動車を売ってくれというのだから、ムシのいい話だ。

ところが、やわらかなソファに座っていたグループでは、1万2436ドルという提案だった。

割引は求めるものの、メーカーの希望価格により近いかたちでの提案であった。

この実験でわかるとおり、私たちの心理は、自分がどんな状況に置かれているのかによって、大きな影響を受けるのである。

ガンコな人間を相手にするときには、まずは、心をやわらかくするような状況に置いてあげるとよい。

やわらかなソファに座らせるのは、ひとつの手である。

ほかにも、やわらかなものを触らせるのもいいだろう。

やわらかなシュークリームや、ワッフルなどを食べてもらうのも、いいかもしれない。

やわらかなものに触れていると、私たちの心もやわらかくなる。

自分でも無意識のうちに、態度が柔軟になるのだ。

ガンコな人も、人間である以上はそういう影響を受けるので、こちらに対してもあまり頑なな態度をとらなくなるであろう。

むしろ、やさしく、親切な態度をとってくれるようになるであろう。

ガンコな人が、365日、24時間ずっとガンコなのかというと、そんなこともない。

自分が置かれている状況によって、いくらでも態度がかわってくることもありうる。

相手の性格は変わらないかもしれないが、一時的な心理的ムードはいくらでも変えることができる。

やわらかな態度をとらせることも十分に可能だということは覚えておくとよい。

◆ガンコな人の取り扱い方法

やわらかいソファに座らせて、シュークリームを食べさせよう

40 むだ話が多い人

・おしゃべり
・相づちを打たなくても話し続ける
・内容にあまり意味はない

仕事中、しょっちゅう話しかけてくる人がいて、少々わずらわしいなと感じているとする。

おもしろい話でもしてくれるのならまだしも、たいして興味が持てない話ばかりなので、仕事に集中できなくて、こまる。

さて、このような場合には、どうすれば話しかけられずにすむのか。

話しかけられたくないのであれば、「物理的な距離」をとらせてもらおう。

距離がとおく離れていれば、わざわざ自分のところにまでやってきて話しかけられることもなくなるからである。

「すみません、空調が直接当たるので、座席を替えていただけるとありがたいのですが」
「すみません、入口付近に席を移動させていただいてもかまいませんか」
「午後になると西日が直接当たってまぶしいので、反対側の席と替えていただけませんか」

理由はどうでもいいので、とにかくしょっちゅう話しかけてくる人から離れることが大切だ。

1つでも、2つでもデスクが離れていれば、話しかけられる頻度は激減する。近くにいたら、どうしても話しかけられるのだ。

カナダにあるウォータールー大学のデビッド・コンラスは、ある製造工場のマネジャーとスタッフが、どれくらいやりとりしているのかの回数を調べてみたことがある。

その結果、調査時間内でのやりとりの回数は、つぎのページのようになった。

相手との距離	やりとりの回数
0 ～ 99フィート	225回
100 ～ 199フィート	153回
200 ～ 299フィート	70回
300 ～ 399フィート	22回
400 ～ 499フィート	23回
500 ～ 599フィート	30回
600 ～ 699フィート	4回
700 ～ 799フィート	10回
800 ～ 899フィート	6回
900 ～ 999フィート	6回
1000 ～ 1300フィート	6回

※1フィート＝30.48センチメートル

このデータからわかるように、近くにいる人と話す回数が圧倒的に多く、物理的に離れれば離れるほど、回数が減る傾向があることがわかる。

うるさい人とは、なるべく物理的な距離をとること。

そうすれば、しょっちゅう話しかけられて仕事のジャマをされずにすむ。

◆むだ話が多い人の取り扱い方法

なにか理由をつけて、物理的な距離をとろう

41 デリカシーがない人

・めちゃくちゃ失礼なことを平気でいう
・触れてほしくないところに触れる
・言い方が押しつけがましい

火災が起きて工場が全焼したとする。

新しく工場を立てなおし、これから心機一転というところで、友人から、

「ずいぶん立派な工場ができたね。いわゆる焼け太りというやつだね」

といわれたとする。

とても失礼である。

しかも、その友人は、

「たっぷり保険金も入ったんだろうな、どれくらい入ったんだ?」

などと質問してくる始末。

基本的にデリカシーがなく、失礼な人は、相手に対する共感性がとぼしい。

共感性がないから、相手の立場に立った発言ができないのである。自分中心にものごとを考えるからだ。

私は、「〜してあげる」という表現も失礼だと思っているので、なるべく使わないようにしている。

「私がもらってあげてもいいけど」

「そのお店に連れていってあげるよ」

「家まで送ってあげるよ」

こういう「あげる」は、本人は気づいていないのかもしれないが、上から目線に感じる。

少なくとも私はそう感じるので、自分ではつかわない。

「相談を聞いてあげたのに」「お土産《みやげ》をあげたのに」なども同様だ。

大変に押しつけがましくて、失礼だと感じてしまう。

米国カリフォルニア州立大学のカール・スニードによると、人あたりのよさをいちばんに予測できるのは「共感能力」であるという。

相手に対して共感できる人は、気くばりができるので、人間関係での失敗がいちばん少ないのである。

もちろん、失礼なこともなるべくいわないようにするので、人間関係もうまくいくのである。


デリカシーがない人には、いちいち、まちがいを指摘してあげたほうがいいと思う。


そのほうが相手のためでもある。

私は大学の先生をしているが、学生にグループをつくらせて作業をやらせているとき、顔色がものすごく悪い女子学生がいたので、

「大丈夫？　顔色が悪いみたいだけど」

と話しかけたことがある。

その女性は、「大丈夫です」と答えてくれたのだが、「ムリをしないで、途中でも抜けていいんだよ」と私が重ねていうと、私にだけ聞こえるような小さな声で、「生理なんです」と教えてくれた。

私はデリカシーのないことを聞いてしまったわけだが、教えてもらったことに感謝している。

なぜなら、それ以降は、おなじまちがいをしたことがないからだ。

人間は、ある程度まで、失敗から学ぶことができるのであり、デリカシーがない人も同様だ。

失礼なことをいわれたときには、「そういうの、失礼ですよ」ときちんと教えてあげたほうがいい。

たいていの人は、自分のまちがいをいわれてはじめて気づくので、教えてあげたほうが親切なのである。

◆デリカシーがない人の取り扱い方法

「それは失礼です」と伝えよう

42 すぐに泣く人

・泣くのがくせになっている
・怒られ慣れていない
・怒られると思っていなかったりする

オランダにあるアムステルダム大学のアグネッタ・フィッシャーは、4人の男性と、4人の女性の泣き顔の写真を見せて、どういうイメージを与えるのかを研究したことがある。

その結果、**泣き顔の男性は、感情的、悲観的というイメージを与え、泣き顔の女性は仕事ができないイメージを与える**ことがわかった。

泣くというのはあまりよい印象を与えないようだ。

こちらが注意したときに、すぐに泣いてしまう人には、それを教えてあげるとよい。

「子どもならまだしも、大人になってからは、泣くことは自分の印象を悪くするだけだから、ぜったいに人前で泣かないこと。どうしても泣きたいなら、『失礼します』とその場を離れて、トイレの個室で泣くこと。これを守ってほしい」と教えてあげよう。

注意すること自体は、悪いことではない。

したがって、**相手が泣いてしまったからといって、注意するのをやめてしまうほうが問題である。**

なぜなら、叱られたほうは味をしめて、「今度からは、泣いてみせればいいのだな」ということを誤って学習してしまう可能性があるからだ。

「私は、相手が男性でも女性でも、泣いたからといって注意をやめないよ」と毅然とした態度でしっかり注意はしたほうがいい。

もちろん、相手が泣かないようにするという配慮も必要だ。

注意をするときに気をつけるべきポイントは、いっぺんに3つも4つも注意をしないことである。

注意をするときには、必ず、「1回につきひとつまで」。

この原理を守れば、相手も泣き出すようなことは少なくなるであろう。

「お前は、ここがダメ、あれもダメ、ついでに、これもダメ」

と〝ダメ出し〟の連発をいっぺんにやるから、泣かせてしまうのである。

1回につきひとつの注意であれば、すぐに泣く人もガマンできるのではないか。

注意をするときのポイントは、気づいたら、すぐに、その場で注意することだ。

これなら、1回につきひとつの注意、という原理にも適《かな》う。

まちがいに気づいたというのに、「いいか、あとでまとめて指摘すれば」と考えていると、あれもこれもと〝ダメ出し〟を連発することになってしまう。

これはよくないやり方だ。そんなにいっぺんに注意をされると、感情的に耐えられなくなってしまうからである。

◆すぐ泣く人の取り扱い方法

注意するときは1回にひとつのことまでにしよう

43 被害妄想が激しい人

・すぐに疑いの目を向ける
・思いこんだら確信してしまう
・どんな説得にも応じない

ドイツの精神医学者カール・ヤスパースは、

①病的なつよい確信
②現象学的に了解不能な内容
③どのように説得しても訂正が不可能

という3つの条件を満たすものを、「妄想」と定義している。
たとえば、浮気などしていないのに、「夫は浮気をしている」と思いこんでいる妻がいるとしよう。

妻は、自分の疑いに確信を持っているが、なぜそう思うのかの根拠をたずねても、なんだかよくわからないことをいう。

しかも、夫がどれほど説得しても、「いいえ、そうやって私をだまそうとしている」と決して受けつけない。

こういう状態が、妄想である。


妄想している人は、ほかの人がなにをいっても、それを受け入れない。


つまりは、あらゆる説得がうまくいかないのである。

シェークスピアの『オセロ』は、ハンカチひとつから妻の不実の妄想が広がって、結局は、最愛の妻を殺してしまうという悲劇を描いたものである。

妄想している人は、行きつくところまで行ってしまうので、たいへんにこわい。

フランスの精神科医フランソワ・ルロールと、クリストフ・アンドレは、『難しい性格の人との上手なつきあい方』（紀伊國屋書店）という共著を書いている。

そのなかで、

「嫉妬《しっと》に苦しむ妄想症の夫が、妻の不倫を疑っているとき、本当に安心するのは不倫をしていない証拠を見つけたときではない。不倫した証拠を見つけたときである」

と指摘している。

相手が妄想症なら、シロウトがどうにかできるレベルを超えている。

「私がなんとかしなければ」とマジメな人は考えてしまうかもしれないが、私は精神科医を訪れることをおススメしたい。

どんなに説得しようが、どうにもならないケースが多いからだ。

シロウト判断で、あれこれ手をつくそうとするのもやめたほうがいい。どうせ手に負えなくなるのは目に見えているからである。

「歯が痛い」ときには、すぐ歯医者に行くのがふつうなのに、なぜか、「心が病んでいる」ときには、人は精神科医に診てもらうことをイヤがる。

「歯が痛い」のに、自分で治そうとする人はいない。

さっさと歯医者に行くはずだ。

同じように、**心の病は、心の専門家に見てもらうのが、いちばんである。**

「精神科」という言葉に抵抗がある人もいるであろうが、最近は「メンタルヘルス科」といった、もう少しやわらかい名前のところもあるので、そういうところに連れていってあげるとよい。

もちろん、相手を連れていくときに、「お前は妄想症なんだ」などといっても、たぶん相手は全力でイヤがるであろうから、

「ちょっと疲れていて、うつっぽくなっているのだから」

とやさしいウソをついて連れていくとよい。

◆被害妄想が激しい人の取り扱い方法

精神科に連れていこう

44 ムチャぶりしてくる人

・急に「なんかやって」といってくる
・そのあとのことに責任は持たない
・飲み会の席で多くなる

ビジネスパーソンにとって、どうしても避けられないのが宴会や飲み会。お花見やら、歓迎会やら、忘年会やら、とにかく1年を通して、ちょこちょこと飲み会がおこなわれる。

もちろん、たのしくお酒を飲めればいいのであるが、なかにはムチャなことをしてくる人もいる。

アルコールがまわると、当然、正常な思考や判断ができなくなる。

そのためか、日ごろのうっぷんをここぞとばかりに晴らそうとする人も出てきてしまうのである。

カナダにあるクイーンズ大学のマイケル・セト教授によると、レイプ犯の50％以上が、アルコールを摂取しているときに犯行に及ぶらしい。お酒に酔っていると、人間はとんでもないことでも平気でできてしまうのであろう。

イヤだと断っているのに、カラオケで歌わせようとするくらいならまだしも、お酒の一気飲みを強要されたり、新人だからとおもしろい芸をやれなどと、ムチャクチャな要求をしてくる人もいる。

では、どうすればこういう危険に巻きこまれないか。

単純な話で、お酒の飲み方がきたない人たちがいることがわかったら、二度とそういう会には出ないようにするのである。

イヤな思いをするのは、一度でじゅうぶんだ。

最近では、お酒を強要してくる人が減ったという話を聞くが、私が若いころには、やたらとしつこくからんでくる昭和世代のおじさまたちが、けっこう多かった。

そのため、私は飲み会に出ること自体がイヤになり、いまではそういうものはすべて遠慮させてもらうことにしている。

「勤め人なので、飲み会を断るのはムリです」

という人がいるかもしれないが、そういう場合には、**とりあえず顔だけを出し、参加費を払って30分ほどで退席させてもらおう。**

「まだ家にもどってやらなければならない仕事がある」

とでもいっておけば、そんなにしつこく引きとめられることもない。

15分でも、30分でも顔を出しておけば、最初から拒絶したわけではないので、そんなに周囲の和を乱すこともないであろう。

参加者たちの酔いの度合いを冷静に観察し、1次会くらいならつき合っても大丈夫そうなら、そのままとどまってもいい。

ただし、2次会や3次会にまでおつき合いする必要はない。

「つき合いのいいヤツ」と思われると、飲み会のたびごとにしつこくからまれるので、なるべく「さっさと帰る人」という印象を持ってもらっておいたほうが、あとあとラクである。

ふだん、どんなに理性的な人でも、お酒に酔うと、どうなるかはわからない。体質の問題もあるのだが、タチの悪い酔い方をする人もいるので、注意が必要である。

ふだんの状態で、「この人なら、いっしょにお酒を飲んでもだいじょうぶだろう」と判断するのは危険である。

お酒を飲むと豹変する人は、かなり多いと考えたほうがいい。

◆ムチャぶりしてくる人の取り扱い方法

ムチャぶりされそうな場に行かないようにしよう

45

矢継ぎ早に詰問してくる人

・答えられないことを質問してくる
・相手もそれをわかって質問してくる
・早口な人が多い印象

私は、あまりテレビの国会中継を見るのが好きではない。

とくに、野党の政治家が、重箱のすみをつつくように質問攻めにしている様子は、お世辞にも上品とはいえない。

文句をいって、政権与党のイメージをくずそうとするのも野党の仕事だということはわかるのだが、「相手をやっつけるためだけにしている質問」をくり返しているような気がする。

私はそういう場面をあまり見たくないので、しずかにテレビを消してしまう。

「『検討する必要がある』って、具体的にどう検討するんですか!」

「『全員参加の体制をつくる』って、全員とはどこまでをいうんですか！」

こういう質問は、ただ相手をやっつけるためだけの質問のように感じる。

相手がなにを答えても、もともと受け入れる気持ちなどないのだから、答えるだけムダである。

つまり、無益な質問に、えんえんとつき合わされるだけなのだ。

これを不毛といわずして、なにを不毛というのか。

あまりにしつこく詰問されるので、質問に答える人間が、

「そういう、こまかいことは……」

といおうものなら、

「こまかいこと、とはなんですか！　疑問点はすべて明らかにしておかないと、承知できないのは、当たり前じゃないですか！」

と、さらに食ってかかられるのだから、ほとほとうんざりする。

では、こういう手合いを相手にするときには、どうすればいいのだろうか。

英国ヨーク大学のピーター・ブル博士は、質問をじょうずにかわすことで有名

なサッチャー元首相のインタビューを研究し、いくつかの有効な方法について明らかにしている。

それをみなさんにご紹介しておこう。

ひとつめの方法は、**相手の質問に攻撃をする方法**だ。

「それは仮定の話にすぎませんよね。仮定の話にはお答えできません」

「その質問は、まちがった前提に立っていますね」

「その質問は、不正確ですね」

「その質問は、いまの状況とは、ぜんぜん関係がないですよね」

などと攻撃すれば、相手の質問はやむ。

つぎの方法は、**質問に質問をかぶせる方法**だ。

「もっと明確に質問してくれませんか」

「抽象的すぎてわかりません。なにか具体例をあげてくれませんか」

などと切り返せば、相手をしどろもどろにさせることもできる。

さらに、**相手に質問をさせないという方法**もある。

「なるほど、ですが、私の話はまだ途中ですから」

といって、相手に連続で質問をさせずに、ひとつめの質問について、自分で好き勝手なことをしゃべってしまうのである。

これらの切り返し戦術を知っておけば、少しは相手からの詰問にも耐えられるようになるかもしれない。

ただし、重箱のすみをつついてくる人は、あなたと議論をしたいのではなく、ただやっつけたいと思っているだけかもしれない。

そういう人だとわかったら、議論などをせず、さっさと負けを認めてしまったほうがいい。

議論をするだけムダなので、最初から議論の土俵にのらなければいいのである。

◆矢継ぎ早に詰問してくる人の取り扱い方法

さっさと負けを認めて議論を終わらせよう

PART 5

めんどくさい人は「小さな男の子」だと思おう

46 腰が重い人

・指示したことにすぐ取り組まない
・やらなくても大丈夫だと思っている
・やりはじめると早かったりする

いくら指示を出しても、腰が重くて、なかなか動いてくれない人がいる。

口グセのように、「あ〜、めんどくさい」といっているような人だ。

こういう人を動かすには、コツがある。

少しでもめんどくさいと感じないように、大きな目標や指示を出すのではなく、小さくわけた目標なり指示を出すようにするのだ。

小さければ、小さいほどよい。

なぜなら、小さなことであれば、「それくらいなら、私にもできそう」と思ってくれるからである。

「さあ、これから2キロ走ってください」といわれたら、腰が重い人でなくとも、うんざりしてしまう。

しかし、「とりあえず200メートル走ってください」という指示を少しずつ出して、それを10回やらせるのであれば、結局は、2キロを走らせることができるだろう。

これは、「スイスチーズ法」とか、「エレファント・バイト法」などとよばれている。

大きなスイスチーズのかたまりをいっぺんに食べつくすのはむずかしいが、小さなかけらにしてもらえるなら、そのうちに全部食べることができるというのが、スイスチーズ法だ。

大きなゾウでも、小さな肉片《にくへん》にしてもらえれば、一頭まるまる食べることができるというのがエレファント・バイト法である。

どちらも同じことをいっていて、ただ呼び名がちがうだけだ。

腰が重い人には、できるだけ小さな指示を出すとよい。

そうすれば、さすがに動いてくれるのではないかと思われる。

それでも動いてくれないのなら、まだまだ指示が大きいのだ。

そんなときには、さらに指示を分割してやらせてみよう。

米国スタンフォード大学のアルバート・バンデューラ教授は、子どもたちを集めて、

「258ページの算数の問題集を終わらせよう」

という大きな指示を出してみた。

しかし、こういう指示では最終的に終わらせることができたのは55％であった。

そこで、バンデューラは、べつの子どもには小さな指示を出した。

具体的には、

「毎日少なくとも6ページずつやってみよう」

という指示にしたのである。

すると、問題集をぜんぶ終わらせることができた子どもは74％にのぼった。

私たちは、大きな指示だとやる気にならないが、小さな指示であれば、やる気になるのである。

「そんな小さなことなら、朝飯前だよ！」と感じるからであろう。

腰が重い人でも、まったくすべてのやる気がないのかというと、そんなことはない。

ただ、大きな指示を出されると、すぐに「めんどくさい」という気持ちが前面に出てきてしまうだけなのである。

もう少し小さな指示にしてあげれば、彼らだって、ごくふつうにこなしてくれるはずだ。

もうこれ以上は分割できないというくらいに分割してあげれば、腰の重い人でさえ、「えっ!?　そんなことでいいの!?」とホイホイとすぐにとりかかってくれるであろう。

◆腰が重い人の取り扱い方法

指示をそれ以上わけられないくらい、こまかくしよう

47 自分の不幸話をする人

・同情をひこうとする
・助けてもらいたがる
・不幸な自分に酔っている

やれ「彼氏に突然別れを切り出された」とか、やれ「上司にイジメられた」など、自分の不幸話がとまらない人がいる。

なぜ不幸話をするのか。そうすれば同情してもらえると思っているからである。**相手からの同情を引き出すことをねらって、不幸話をえんえんとつづけるのだ。**

話を聞かされるほうも、不幸な話を聞かされていると、「助けてあげたいな」「してあげられることくらいは、してあげたいな」という気持ちになるものである。

相手はそういう〝人間の弱み〟につけこんでくる。

心理学には、「アンダードッグ効果」という用語がある。

アンダードッグとは、「川に落ちたかわいそうな犬」のことであり、自分のかわいそうな境遇を語ることによって、相手からの同情を引き出すことをアンダードッグ効果とよぶのである。

これをよくつかうのが、政治家だ。

政治家のなかには、選挙の投票日が近くなると、

「このままでは負けてしまいます。なにとぞ、なにとぞ、みなさまのお力を！」

と涙ながらに訴える候補者がいる。

自分が劣勢であることをあえて語ることで、同情票を集めるのが目的だ。

米国コーネル大学のステファン・セシ教授は、選挙では自分の劣勢を明らかにしたほうが、同情票が集まりやすいというアンダードッグ効果を確認している。

不幸話をする人間は、政治家と同じで、同情を得るための作戦としてやっているわけであるから、もちろん、同情などしてあげる必要はない。

もし、不幸話をはじめたら、

「でも、あなたにも、それなりに問題があったんじゃないの？」

「う～ん、それはあなたの考えであって、むこうはどう思っているんだろう？」

「私は、片方の人から聞いた話だけじゃ、判断しないようにしているんだよ」

こんな感じの切り返しをして、一刀両断に切り捨ててかまわない。

もちろん、相手が親しい友達であるとか、少しくらいなら話につきあってあげてもいいか、というのであれば話は別である。

そのときには、すこしだけガマンして、話を聞いてあげてもいいであろう。

また、自分が不幸であることを自慢話のように語る人もいるが、そういう人には、**「自分のほうがもっと不幸だよ」ということをいうと、話をやめてくれる。**

「彼氏にフラれて苦しい」という人には、

「私なんて人生で一度も彼氏ができたことないよ。どっちが不幸だと思う？」

とでも切り返してやれば、相手はすぐに口をつぐむであろう。

◆自分の不幸話をする人の取り扱い方法

一刀両断に切り捨てるか、もっと不幸な自分の話をしよう

48 責任感がない人

・「だれかがやってくれる」と思っている
・手伝ってくれるだろうという期待がある
・仕事が他人事

責任感がない部下が悪いことはいうまでもない。

しかし、なぜ彼らに責任感がないのかというと、**そうしているのは上司にも責任があるのではないか**、と考えなければならない。

たとえば、上司が、部下のためになんでもやってしまっていたら、どうだろう。部下は、「なんだ、自分はなにもしなくていいんだ」ということを学習するであろう。

おかしなことをして怒られるくらいなら、なにもしないで、上司にまかせていたほうがラクだということを覚えてしまうのである。

責任感のない部下も悪いが、面倒見がよすぎて、世話を焼きすぎる上司のほうにも多少の問題はあるのだ。

だれだって、自分でやらずにすむのなら、それにこしたことはないので、責任感も持てなくなってくるのである。

たとえば、老人ホームの入居者たちは、着がえから、入浴から、食事まで、ヘルパーさんたちがなんでもやってくれる。

もちろん、自分では行動が困難だからやってもらうのであるが、すべてを施設のスタッフがやってしまうと、本人はどんどん無気力になっていく。

米国イエール大学のジュディス・ロディン教授は、とある施設に入居している老人たちに、まったくぎゃくのことをさせる実験をしてみた。

それまでは、施設のスタッフがなんでもやってくれていたものを、「できることは自分たちにやらせる」という方針転換をしてみたのである。

着がえができる人には、自分で着がえをさせ、施設内の植物に水やりができる人には、水やりをまかせたのだ。

するとどうだろう。

入居者たちはイキイキとしはじめ、施設での死亡率も半減したのである。

また、施設にいる入居者たちを観察してみると、スタッフがなんでもやってあげていたときに比べて、笑顔を見せる人も増え、元気になり、社交的になって、ほかの入居者とおしゃべりする人も増えた。

できることは、なんでもまかせたほうが、本人にとってもいいことなのだ。

もし部下が他人まかせで、責任感がないというのなら、責任感がなくてもすむようにしてしまった上司の責任もあるだろう。

部下には、自分でできることは、なんでもやらせたほうがいい。

そのほうが、部下のほうも仕事のたのしさや、よろこびを感じることができ、毎日、嬉々《きき》として仕事にはげんでくれるようになるであろう。

◆責任感がない人の取り扱い方法

できるだけ手伝わず、本人にやらせよう

49

ものすごく心配性な人

・約束したことを何度も確認してくる
・同じ内容で連日のように電話をかけてくる
・ある意味では責任感がつよい

「今月中にかならず商品を納品する」と約束し、書面も交わしてあるというのに、それでも、しつこく「今月中に、ほんとうに大丈夫ですか？」と電話をかけてくる人がいる。

たしかに、重要な仕事であるから、心配する気持ちもわからなくはない。それにしても、心配が過剰すぎると、こちらもわずらわしい。

私たちは、心配なことがあると、その気持ちを打ち消すために、「確認行動」をとろうとする。

ガスの元栓を閉めたかどうかが心配な人は、ガスの元栓を見にいくという確認行動をとる。

そうすると、「よかった、閉めてあった」と不安が解消されるのだ。

ところが、その心配が病的になってくると、1回くらいの確認行動では安心できなくなってくる。

ガスの元栓を閉めたかどうかが気になって、外に出かけようとしても、すぐに自宅に戻ってくるようになったら、もはや病気である。


たいていの人は、たとえ心配になっても確認行動はせいぜい1、2回であろう。それを超えたら、よほどの心配性か、不安の高い人だ。

米国ハバフォード大学のリディア・エメリーは、恋人との関係に不安を抱えている人ほど、フェイスブックをつかって恋人の行動をひんぱんに確認していることを明らかにしている。

確認をとることによって、「浮気していないいな」と自分を納得させたいためだ。

夫婦もそうで、妻が外で浮気をしているのではないかと心配になっている夫は、妻にチョコチョコと連絡をとるであろう。

そういう確認行動をとることによって、「浮気していない」と自分を安心させたいのだ。

こういう確認も1回や2回ならまだしも、ひんぱんになってくると、ちょっとストーカーのようで怖い。

とはいえ、**心配性の人は、確認がとれさえすれば安心してくれる。**

たとえば、毎日の進捗状況を、スマホで写真に撮って、それを送ってあげてもいい。

そうすれば、「よし、これなら今月中の納品も大丈夫だろう」とホッと胸をなでおろしてくれるかもしれないし、「そんなに毎日はご連絡もいりませんよ」といってくれるかもしれない。

それは、相手がどれくらい確認行動を求めているかによる。

おそらく、現実には、病的なほどに心配性な人はそんなにいないと思うのだが、やたらに連絡をとろうとしてくる人はいる。

出版社の編集者にも、ほったらかしにしてくれる人と、ひんぱんに連絡をとろうとする人がいる。

私はどちらかというと、放ってもらったほうがありがたいタイプだ。

そこであまりしつこく連絡してくる人には、

「そんなに原稿を催促《さいそく》されると、かえって書きにくくなってしまいますよ」

とたしなめるようにしている。

ただし、そういう人ともいちど仕事をして、

「内藤先生ならおまかせして大丈夫だ」

ということがわかってもらえれば、そのあとは、あまり連絡もしてこなくなる。

とりあえず相手からの信頼を獲得するまでは、しつこくされるのもある程度はしかたがないと割りきるしかないであろう。

◆ものすごく心配性な人の取り扱い方法

こまめに連絡し、信頼を勝ち取ろう

50 なににでも口をはさむ人

・通りすがりに意見をいってくる
・状況についてよくわからないまま口を出す
・だいたい思いついたことをそのままいう

友達と週末にどこに出かけようかと話しあっていると、たまたま、とおりかかっただけなのに、

「○○のキャンプ場がいいんじゃない。あそこがおススメだよ」

と、口をはさんでくる人がいる。

自分がいっしょに行くのであれば、出かける場所の意見をいってもかまわない。当事者なのであるから。

ところが、当事者でもなく、自分にはまったく関係がないはずなのに、なぜか口をはさんでくるような人がいる。

心理学では、会話に割りこんでくることを、「介入」とよんでいる。

オーストリアにあるグラーツ大学のウルサラ・アッセンスタットは、会話の介入についての研究をおこなっているのだが、性別でいうと、女性よりも男性のほうがたくさんすることが明らかにされた。

女性は会話に割りこまないのに対して、男性は平気な顔で割りこんでくることが多いのである。

アッセンスタットによると、会話に介入する多さは、「男らしさ」とも関連しているそうだ。

性格的に男らしい人ほど、介入するのである。

女性でも、サバサバしているような男らしい女性だと、やはり会話にたくさん介入する。

性格が女性的な人は、もともと気づかい能力が高いので、割りこまれた人のことを考える。

「いきなり私が口をはさんだりしたら、気分を悪くするかもしれない」

「失礼かもしれない」

と考える。

そのため、会話に介入するのを控えるのである。男性でも、性格が女性的な人であれば、やはり介入をためらうであろう。


一般に男性は、自己中心的で、あまり他人のことなど考えない。

そのため、頭になにか意見なり提案なりが思い浮かぶと、それをそのまま口に出してしまう人が多い。

いってみれば、子どもなのである。

そういえば、小さな男の子は、先生がなにか質問をすると、すぐに大きな声で答えをいってしまう。

手を挙げて、先生に指してもらうということを考えないのだ。

頭に浮かんだことを、すぐに口に出してしまうのである。

もちろん、**こうした行動には、まったく悪気がないのであって、小さな男の子のようなものだと考えればよい。**

そう考えれば、かりに口をさしはさまれたところで、そんなに腹も立たないものである。

かりに口をはさんできても、「キミには関係ないだろ」などと冷たいことをいうのではなく、

「ありがとう、でも2人で話し合いたいから、ちょっと遠慮してもらえると助かるな」

くらいの返事で、さらりとたしなめてあげるくらいで十分であろう。

◆なにでも口をはさむ人の取り扱い方法

小さな男の子なんだと思って、軽くたしなめよう

51

クレームを入れてくる人

・立場が弱そうな人にくってかかる
・特別あつかいしてもらいたがる
・偉そう

ひんぱんにクレームを入れてくる人というのは、「自分にはそうするだけの権利があるはずだ」とつよく思いこんでいる人だ。

お金持ちであるとか、地位が高い人は、なぜか自分には理不尽なことでさえ許されていると思いこみやすいところがある。

台湾にある国立中山大学の心理学者ウェン・ビン・チョウは、飛行機の乗客360名にお願いして、おもしろい研究をしたことがある。

「ファースト・クラス」「ビジネス・クラス」「エコノミー・クラス」の3つのグループにわけて、それぞれに理不尽なクレームについてたずねてみたのである。

「荷物が重量オーバーで追加の料金を支払わなければならなくなりました。それに対して、あなたはクレームをいうことが許されていると思いますか？」

と9点満点でたずねてみた。

すると、結果は以下のようになったという。

ファースト・クラス　7・7点
ビジネス・クラス　　7・2点
エコノミー・クラス　3・8点

ファースト・クラスの乗客ほど、理不尽なことでも、「許される」と思いこんでいることが明らかだ。

エコノミー・クラスの人は、クレームをいうことは許されないと考えているのと、好対照である。

たいていの人は、多少、不満なところがあっても、クレームはいわない。

ふつうは、「ガマンする」を選択する。

ところが、お金持ちのような、特権階級意識がある人はちがうようだ。

そういう人は、自分だけは理不尽な要求を突きつけることが許されていると思っているのである。

9点満点中の7・7点というのは、そうとうに高い数値だ。

ひんぱんにクレームを入れてくる人は、どこかで「自分は特別だ」「自分にはそういう権利がある」と思っている。

したがって、**こういう人に対応するときには、できるだけ腰を低くして、やわらかな態度で接することを心がける必要があるだろう。**

もちろん、理不尽なクレームに対して、すべてを受け入れる必要はない。

「社則で決まっておりますから」

「注意書きにもありますように、返品は不可なのです」

物腰はていねいでも、「できない」ことは、「できない」ということを、ていねいにくり返すだけでいい。

なにをいわれても同じことを、ていねいに、ていねいにくり返していれば、そのうちに彼らも折れてくれるであろう。

◆クレームを入れてくる人の取り扱い方法

腰を低くして、ていねいに接しよう

52 すぐ卑屈になる人

・なにに対しても遠慮しがち
・自分には能力がないと思いがち
・責任のある仕事を避けがち

自分の才能や実力や能力をやたらと過小評価する人がいる。

せっかく大きな仕事のプロジェクトリーダーをまかせようとしても、

「いやいや、私にはムリです」

「せっかくですが、このお話はお断りさせてください」

と自分から断ってきてしまう人だ。

ものすごく自己評価が低いのである。

こういうタイプは、女性に多い。

男性はというと、どちらかというと、自分について高すぎる得点をつける傾向があるのだが、**女性はというと、ぎゃくに、自分についておどろくほど過小評価する傾向があることが知られている。**

ニュージーランドにあるヴィクトリア大学のガース・フレッチャーは、50名ずつの男女大学生をペアにし、10分間の会話をしてもらった。

会話が終了したところで、相手がどれくらい自分に魅力を感じたと思うか、自分にどれくらい興味を持ってくれたと思うか、どれくらいデートする気持ちがあるかなどを推測してもらった。

また、相手に感じた魅力、興味、デートする気持ちなども答えた。

すると、男性は、相手がつけてくる得点よりも、きわめて高い推定をした。自分は魅力的だったはずで、興味を持ってもらえ、デートしてもらえると思いこんでいたのである。

女性はというと、まったく反対に、自分は魅力など感じてもらえなかったであろうし、興味も持ってもらえなかったであろうし、デートしてもらえないと推測していた。

現実には、もっとモテていたのにもかかわらず、である。

ほかにも、自分の知能指数を推定してもらってから、実際に知能テストを受けてもらう研究などがあるが、男性は過剰な自己評価をするのに、女性は過小評価することもわかっている。

女性は、男性に比べると、卑屈で、自己評価が低い傾向があるのである。

なにかというと、「自分なんて」といいがちなのは、そのためである。

したがって、女性に大きな仕事をまかせるときには、断ってくることをあらかじめ想定しておいて、断られないように話を持っていかなければならない。

「私は、実力不足ですし、経験もありませんから」

と断ってくることを見越して、

「この仕事は、経験がない人のほうが向いている」

「とりあえず試験的に2か月くらいがんばるだけでもいいから」

などと、あらかじめ切り返し文句も考えておこう。

女性は、自分の能力を低く見積もる傾向があるので、かりに「私にはできませ

ん」といってきても、実際にまかせてしまえば、想像以上にうまくこなしてくれることが多い。

ぎゃくに、男性はというと、「はい、できます！」などと大口をたたくクセに（自己評価が高いため）、フタを開けてみたら、まったくなにもできずにガッカリさせられる、ということもあるので注意しよう。

◆すぐ卑屈になる人の取り扱い方法

断られることを前提に、切り返し文句を考えておこう

53

かんたんなことを聞いてくる人

・自分で調べる努力をしない
・なんでも教えてもらえると思っている
・回数が重なるとめんどくさくなる

インターネットで調べればすぐにわかるというのに、自分で調べようとせず、こちらに質問してくる人がいる。

べつに調べる手間はそれほどかからないので、かまわないといえばかまわないのだが、それが積み重なってくると、しだいにイライラしてくる。

1回や2回であれば、笑ってゆるせても、何度もつづくと精神的ダメージを与えることを、アメリカのカウンセラーたちは「マイクロトラウマ」とよんでいる。

小さなことでも、積み重なると大きなストレスになるのだ。

では、そういうタイプにイライラさせられないためには、どうすればいいのか。

かんたんな話で、こちらからも相手にあれこれとやってもらうのである。

私たちは、「自分ばかりが一方的に利用されている」と思うから、腹が立つのである。同じように相手を利用してやれば、「持ちつ持たれつ」「ギブアンドテイク」という関係が成り立つので、腹が立たなくなるのである。

相手に、ひとつ、めんどくさいこと（自分で調べずにこちらに質問してくる、など）をお願いされたら、こちらからもひとつ、めんどくさいことを相手に求めればよい（自分のためにコーヒーを買ってきてもらう、など）。

ひとつお願いされたら、こちらもひとつお願いをする。

こういう関係性を持つようにすれば、マイクロトラウマなどは感じなくなる。

なぜなら、おたがいに、おたがいを便利につかうことができるからだ。

米国ラトガース大学の心理学者ジェニファー・タイスは、おたがいにパートナーのためになにかをしてあげたり、してもらったりしているカップルのほうが、ずっと幸せであることを確認している。

おたがいに依存しあっていれば、私たちはハッピーでいられるのだ。

「まったく、あいつは自分で調べようとしないで、いつも私に質問してくる!」と目くじらを立てるのではなく、こちらからも小さなお願いをどんどんしていけばいいのだ。彼が自分のお茶をいれようとしているなら、「あっ、ぼくにもついでにいれて」とお願いすればよい。

そうやって、おたがいにギブアンドテイクの関係を築くことができれば、いちいち自分に質問してきたとしても、まったくなんの痛痒《つうよう》も感じなくなる。

政治や外交もそうで、日本人の多くはいろいろな要求や注文をつきつけてくるアメリカに、にがにがしい気持ちでいることが多いと思うが、べつにガマンなどせず、こちらからもバンバン要求や注文をつきつけてやればいいのである。

一方的に要求を呑まされるから気に入らないのであって、こちらも同じように要求をぶつければ、相手からなにを要求されても気にならなくなるのだ。

◆かんたんなことを聞いてくる人の取り扱い方法

自分からも、かんたんなことをお願いしよう

54 すぐワリカンにする人

・1円単位でワリカンにしようとする
・ワリカンこそ平等だと思っている
・率先してひとりあたりの金額を計算する

韓国では、みんなで食事をしたときにはだれかひとりが支払うのがふつうで、ワリカンというのは、もっともミミッチイこととして軽蔑《けいべつ》されているという話を聞いたことがある。

日本人は、ワリカンに対してあまり抵抗はないと思う。

だが、それでもやはり女性とデートするときにまでワリカンしようとするのは、やりすぎではないかと思う。

しかも、ワリカンすること自体がすでにカッコ悪いのに、さらに1円単位でこまかく割ろうとする人もいる。

こういう男性はたいてい女性にモテない。

米国ミシガン大学の心理学者デビッド・バスは世界37か国の男女のべ1万人を調査して、どういう人ほど異性にモテるのかを研究してみたことがある。

その結果、37か国中36か国において、女性は男性に「お金」を求めることがわかった。

ケチくさい男性は、どの国に行ってもモテないという証拠である。

ちなみに、男性はというと、女性に求めることは「若さ」と「美貌」であった。これはなんとなく想像がつく。

女性と食事をするときには、男性が払うか、あるいは女性に少しは出してもらうにしても、男性が多く支払ったほうがいい。

彼女ではなく、職場の女性などと食事に行くときも同様である。

そのほうが、男性としての「株」が上がるので、私などはまったく悪いことではないと思っている。

「男性だって、女性と同じ給料しかもらっていないのだから、ワリカンでもいいはずだ」

そう考える人がいる。

しかし、それは、〝見えないコスト〟について考慮していない。

食事代だけをいえば、たしかにきれいに半分ずつワリカンするのが平等かもしれない。

だが、まず食事でいうと、男性のほうがたくさん食べるのがふつうであるから、その理由だけをもってしても、男性のほうが多く支払うべきであろう。

そのほうが平等である。

しかも、男性はそのままの格好でふらりと出かけてもかまわないが、女性は外に食事に出かけるとなれば、お化粧もしなければならないし、髪の毛もセットしなければならないし、洋服も買わなければならない。

そういうコストがすでにかかっているのだ。

そういう見えないコストを考慮したら、食事代くらいは男性が払わなければならないのは、とうぜんのような気がする。

それが平等であろう。

お金を1円単位でワリカンしようとする人は、そういうことを完全に無視して、単純に食事代だけで考えてしまうのがよくないのだ。

もし彼氏がそういう人なのであれば、女性は、「見えないコスト」について説明してあげたほうがいいのではないかと思う。

「あなたの計算はちょっとまちがえているわ。これとこれとこれのコストを考えれば、支払いはぜんぶ、あなたまかせになるんじゃない？」

と教えてあげたほうが親切だ。

◆すぐワリカンにする人の取り扱い方法

自分の株を下げる行動だと教えてあげよう

55 ため息や愚痴が多い人

・周囲に聞こえるような大きなため息をはく
・なにかブツブツつぶやいている
・なにかに疲れきっている

「はぁ……」とため息をついたり、なにやらブツブツと愚痴のようなことをつぶやいている人がいる。

そういう人を見かけたら、なるべく近くに寄らないのが正解だ。なぜかというと、そういう人のそばにいると、自分まで気分が悪くなってくるから。

私たちは、そばにいる人の心理的なムードに影響されやすい。

これを心理学では、「心理的感染効果」とよんでいる。

ため息をついている人のそばにいると、自分もため息をつくような気分にさせられてしまう。だから、なるべく近寄らないほうがいいのである。

米国カリフォルニア州立大学のトーマス・サイは、3人から5人のチームで、テントを組み立ててもらうという実験をしたことがある。

ただし、その実験をするにあたっては、リーダー役がえらばれ、そのリーダーの気分だけが実験的に操作された。

あるリーダーには、ハッピーな気分にさせるためにテレビのユーモア番組を見せた。別のリーダーには、怒りの気分を引き出すために社会の不正についてのドキュメント番組を見せた。

それから、それぞれのグループに別れて、テントの組み立てをしてもらったわけであるが、リーダーがたのしい気分で、陽気にふるまっていると、メンバーも陽気に作業してくれることが判明した。

リーダーの気分が、ほかのメンバーに感染したのである。また、リーダーがイライラしていると、メンバーもイライラしてくることもわかった。

私たちは、自分でも知らないうちに、身近な人の影響を受ける。

「ペアレンテクトミー」という治療法がある。

子どもを親から引きはなすことで、治癒をうながす方法である。

子どもを親から引きはなすと、気管支炎やぜんそくといった病気の症状が軽くなることがあるのだ。

親がつねにイライラしている状態の家庭にいると、小さな子どもはその影響を受けて、病気になってしまうことがある。

だから、親から引きはなされると病気も治ってしまうのである。

ため息をついている人を見かけたら、「どうしたの?」などと話しかけてはいけない。そういう仏心《ほとけごころ》は必要ない。ただ、そっとその場を離れるのがよい。

せっかく、こちらの気分が悪くないのに、ため息をつくような人といっしょにいたら、気分が悪くなるに決まっている。

だから、その場から逃げ出したほうがいいのである。

◆ため息やグチが多い人の取り扱い方法

すぐに離れよう

56「いそがしい」が口グセの人

・だいたいひとり言
・眉間にシワをよせている
・なぜか、いつも小走り

先ほど、心理的感染についてのお話をした。

この原理は、「いそがしい、いそがしい」が口グセになっている人にもいえる。

「いそがしい、いそがしい」という口グセを、近くでえんえんと聞かされていたら、心理的感染が起こって、こちらまで、なにかに急かされているようなプレッシャーを感じることになってしまう。

したがって、そういう人からも、そっと距離をとるのが正しい選択である。

米国インディアナ州立大学のルシアン・コンウェイは、「時間が過ぎる感覚」についても、いっしょにいる人との心理的感染効果が起きることを確認している。

みんなでたのしいことをしているときや、たのしいイベントに参加しているときには、みんなが「時間がすぎるのは早い」と感じる。

ぎゃくに、だれかが「つまらない」「飽きた」などといっていると、時間の流れがものすごく遅く感じるようになるのだ。

「いそがしくて、イヤになっちゃう」

などと口グセのようにいっている人のそばにいたら、そんなにいそがしくないはずの自分まで、なにやらせわしない気持ちになってしまうではないか。

そういう心理的感染が起きることは目に見えている。だから、「いそがしい」が口グセの人のそばには近づかないほうが賢明なのだ。


もちろん、肯定的な意味で、「いそがしい」といっているのなら話は別だ。

「たくさんお客さんがきてくれるので、いそがしくて、ありがたい」

というニュアンスで、「いそがしい、いそがしい」といっているのなら、こちらも幸せな気持ちになれるであろう。

なぜなら、「いそがしい」という言葉のウラには、「ありがたい」という感謝の心があるからである。

そういう人は、にこにこと微笑みながら、「いそがしい（けど、ありがたい）」と言っているので、そういう人のそばには、いても問題はない。

むしろ、自分も「いそがしくて、ありがたい」という感謝の気持ちを持てるようになるであろう。

問題は、ネガティブな意味合いで「いそがしい」と口に出している人である。

そういう人は、「チッ」と舌打ちをしながら「いそがしい」という言葉を出し、しかも表情はみにくく、ゆがんでいたりするので、すぐにわかる。

そういう人のそばにはなるべく近寄らないほうがいい。

愚痴や不満をいうこと自体は、問題はない。
問題になるのは、その言い方なのだ。

たとえば、年配者が集まると、やれ体のどこそこが痛いとか、なにかの数値が上がってしまったとか、そういうグチっぽい話になりやすい。

ところが、それをにこやかに笑いながら話すグループと、にがにがしい顔をしながらグチをこぼすグループがいる。

前者のようなグループのなかで、グチをいい合うのなら、なにも問題はない。

むしろ、明るい気分になれる。

ところが後者のようなグループのなかでグチを聞かされていると、こちらまで体のどこかが悪くなったように感じてしまうはずだ。

だから、そういうグループの輪には入らないほうがよいのである。

◆「忙しい」が口グセの人の取り扱い方法

ネガティブな意味でつかっているなら、すぐに離れよう

57

正義感がつよすぎる人

・すべての悪事は正すべきだと思っている
・真実は明るみに出すべきだと思っている
・実際に行動してしまう

正義感がつよすぎる人には、あまりかかわらないようにしよう。

そういう人の仲間だと思われると、かえっていろいろ不利益をこうむる可能性があるからだ。

ずいぶん前の話であるが、雪印食品の不正を内部告発した倉庫会社があった。その会社の社長がとった行動はまことに立派である。食品の偽装など、けっして許されることではないからだ。

では、その社長の倉庫会社はその後どうなったのだろうか。

じつは倒産しているのである。

なぜかというと、内部告発をしたことで社会的な大事件になってから、他社からの発注が激減して、経営が成り立たなくなったからである。

倉庫会社の社長がとった勇気ある告発は素晴らしいことではあるものの、残念ながら、**日本社会は、そういう裏切り者をけっして許さない**のである。

会社のなかで、みなさんがなんらかの不正に気づいたとしよう。

しかし、それを内部告発するのはいかがなものか、と私は思う。

「なんだよ、いい子ぶりやがって」と周囲の人たちに、にらまれるのがオチだからだ。

米国ジョージタウン大学のマルシア・ミッチェリ教授は、匿名《とくめい》で1万3000人の調査をおこなっているが、会社が不正、不道徳、法律違反をしていても、それを勇気を持って指摘するような人は、ほとんどいないことがわかった。

アメリカでは、勇気をもって告発する人を、「ホイッスル・ブロワー」という。審判のようにホイッスルをふく人のことだ。

しかし、ミッチェリによると、かりに勇気をもって会社に不正をやめるようにいったとしても、その行動が抑止効果をもたらしたと答えたのはわずか31％にすぎない。

つまり、会社に不正を問いただしても、あまり効果はないのである。


少しくらい、不純なところがあるのが人間の本性だ。


だから、会社の経費をごまかして居酒屋で飲み食いしている人に気づいても、勤務時間中にサボって喫茶店でスマホゲームをしている人を見かけても、その人に向かって注意するようなことは、しないほうがいいと思うのだ。

私なら、そういうものに気づいても、見て見ぬふりをするであろう。かりにぐうぜん、顔を合わせてしまっても、ウィンクのひとつもしてみせて、その場から立ち去ればよい。

正義感のつよい人は、見て見ぬふりをしている私も、悪いことをしている人と同罪だと腹を立てるかもしれないが、すべてを杓子定規《しゃくしじょうぎ》にやろうとするのも、堅苦しくて生きていくのが息苦しくなってしまう。

なにごとも中庸《ちゅうよう》というか、ほどほどにやるのがよいのであって、あまり正義を

ふりかざすのも、現実的にはいろいろと害をおよぼす。

正義感のつよい人がいたら、「よくがんばっているね」とねぎらいの言葉のひとつもかけてあげてもいいと思うが、自分がそういう人になってはいけない。

◆正義感がつよすぎる人の取り扱い方法

あんまり、かかわらないようにしよう

58 エコヒイキをする人

・相手によって態度を変える
・自分にだけ冷たく接する
・あるいは自分だけ可愛がられる

「部下は平等にあつかうべきだ」

「特定の人だけをエコヒイキしてはいけない」

私たちは、そういう倫理観、道徳観をもっているので、それができていない上司を目の前にすると、義憤《ぎふん》にかられたりする。

もちろん、倫理・道徳はたいせつであるし、人間社会に必要なものである。しかし、倫理や道徳は、本来、自分自身を律するためのものであって、他人もそうあるべきだと期待することが、そもそも、まちがえていると思う。

「エコヒイキは許せない」のなら、自分はエコヒイキしない人間になればいい。

しかし、**ほかの人がエコヒイキしていることに腹を立てるのは、なんだか筋ちがいのように、私には思える。**

いくら平等、公平、公正をとなえたところで、人間社会には、エコヒイキや差別などはいくらでもあるのだ。それが現実である。

この世のなかには、現実として、エコヒイキされる人間と、エコヒイキしてもらえない人間がいる。

したがって、私にとっては、

「自分はがんばって、エコヒイキしてもらえる側の人間になろう」

と考えるのが、現実的にかしこい選択であるように思う。

だれかがエコヒイキされているのを見ると、大半の人は、上司に腹を立てる。「なんだよ、エコヒイキしやがって」と。あるいは、エコヒイキされている人をけなそうとする。「なんだよ、腰ぎんちゃくみたいなふるまいをしやがって」と。

こういう発想がまちがいなのだ。

私なら、だれかがエコヒイキされていたら、その人がどんな行動や態度をとっているのかをじっくりと観察して、その言動をマネするであろう。

エコヒイキされている人と、まったく同じことを自分もやっていれば、同じようにエコヒイキしてもらえる確率がアップするからである。

上司に腹を立てたり、エコヒイキされている人に嫉妬しているようでは、いつまでたっても自分がエコヒイキしてもらえない。

ジョージア技術研究所のグレン・バスケットは、人事担当者は自分に似ている応募者を無自覚で採用しやすく、給料もたくさん払おうとすることを確認している。私たちは、自分に似ている人を無意識のうちにエコヒイキするのだ。

エコヒイキは、気づかないうちに起きてしまうものなのである。

エコヒイキや差別などは、たぶん、どれだけ社会が変わってもどうしようもなく存在しつづける。だから、できるだけ「エコヒイキされる側にまわる」という行動原理をとったほうがよいと思うのだが、いかがだろうか。

◆エコヒイキをする人の取り扱い方法

その人にエコヒイキされる人をマネしよう

あとがき

「浜の真砂《まさご》は尽くるとも、世に盗人《ぬすっと》の種は尽くまじ」という言葉がある。石川五《ご》右衛門《えもん》の辞世《じせい》の句とよばれているものだ。

これをもじっていえば、

「浜の真砂は尽くるとも、世にめんどうな人は尽くまじ」

といえる。それくらい、めんどくさい人は、この世にあふれている。

本書では、一般的にめんどくさいと思われる人の典型例を取りあげ、タイプ別に、どのように対処していくのがよいのかを心理学的に考察してきた。

本書で示してきたアドバイスどおりの対処をおこなえば、そういう人とも問題なくつき合うことができるであろう。なかには、縁を切ったほうがいい人がいることもあるが。

本書の執筆にあたって、私はアレコレと上から目線でみなさんにアドバイスをしてきたわけであるが、しょうじきに告白すると、私自身も、そうとうに「めんどうな人」なのである。

そのためかどうかわからないが、私自身は、めんどくさい人に出会っても、「おたがいさま」という気持ちで接するので、そんなに腹が立つこともない。むしろ、「自分と似ている」と感じて、親近感や好意すらおぼえることがある。

めんどくさい人に対処するためには、自分自身がめんどくさい人になってしまうのも、ひとつの作戦なのかもしれない。

ひょっとするとこれが、いちばんのやり方のような気もする。


さて、本書ではさまざまなタイプを取りあげてきたが、そうはいっても世のなかには、本書で取りあげてこなかったタイプのめんどうな人もいると思う。

そういう人にはどう対処すればいいのだろうか。

「欽ちゃん」こと、萩本欽一《はぎもときんいち》さんは、自分が嫌いな人に出会うと、「好きなほうじゃない」と考えるそうだ。この思考法を私たちもマネしよう。

はっきりと「嫌い」と決めつけるのではなく、「好きなほうじゃない」と考えれば、つき合っていても、そんなに苦痛を感じることはないと思うからである。

そうやって自分をだましてしまうのもいいであろう。

この世から、めんどうな人がいなくなるということは期待できない。逃げまくっても、どうせ逃げた先で、またたくめんどうな人に出会うことになる。

それならばいっそのこと、めんどうな人から逃げずに、できるだけ建設的に、前向きにつき合うことも考えてみよう。欽ちゃんのやり方は、まことに現実的なやり方であると思う。

さて、最後になってしまったが、本書の執筆にあたっては、きずな出版編集部の澤有一良さんにお世話になった。この場を借りてお礼を申し上げたい。本書で取りあげためんどうな人の典型的なタイプのリストは、澤さんがつくってくださったものである。心から感謝する。

また読者のみなさまにもお礼を申し上げたい。最後までおつき合いくださり、本当にありがとうございます。またどこかでお目にかかりましょう。

内藤誼人

Paulhus, D. L. 1998 Interpersonal and intrapsychic adaptiveness of trait self-enhancement: A mixed blessing? Journal of Personality and Social Psychology, 74, 1197-1208.

Peterson, L. R., & Peterson, M. J. 1959 Short-term retention of individual verbal items. Journal of Experimental Psychology, 58, 193-198.

Pontari, B. A., & Schlenker, B. R. 2000 The influence of cognitive load on self-presentation: Can cognitive busyness help as well as harm social performance? Journal of Personality and Social Psychology, 78, 1092-1108.

Reich, J. W., & Robertson, J. L. 1979 Reactance and norm appeal in anti-littering messages. Journal of Applied Social Psychology, 9, 91-101.

Riordan, C. A., Marlin, N. A., & Kellogg, R. T. 1983 The effectiveness of accounts following transgression. Social Psychology Quarterly, 46, 213-219.

Rodin, J., & Langer, E. J. 1977 Long-term effects of a control-relevant intervention with the institutionalized aged. Journal of Personality and Social Psychology, 35, 997-802.

Ryder, D. 1999 Deciding to change: Enhancing client motivation to change behaviour. Behavior Change, 16, 165-174.

Schweinle, W. E., Cofer, C., & Schatz, S. 2009 Men's empathic bias, empathic inaccuracy, and sexual harassment. Sex Roles, 60, 142-150.

Seto, M. C., & Barbaree, H. E. 1995 The role of alcohol in sexual aggression. Clinical Psychology Review, 15, 545-566.

Sneed, C. D. 2002 Correlates and implications for agreeableness in children. The Journal of Psychology, 136, 59-67.

Sy, T., Côté, S., & Saavedra, R. 2005 The contagious leader: Impact of the leader's mood on the mood of group members, group affective tone, and group processes. Journal of Applied Psychology, 90, 295-305.

Terrion, J. L., & Ashforth, B. E. 2002 From 'I' to 'We' : The role of putdown humor and identity in the development of a temporary group. Human Relations, 55, 55-88.

Theiss, J. A., & Knobloch, L. K. 2009 An actor-partner interdependence model of irritations in romantic relationships. Communication Research, 36, 510-537.

Thompson, C. A., Ishii, S., & Klopf, D. 1990 Japanese and Americans compared on assertiveness/responsiveness. Psychological Reports, 66, 829-830.

Thompson, L., & DeHarpport, T. 1994 Social judgment, feedback, and interpersonal learning in negotiation. Organizational Behavior and Human Decision Processes, 58, 327-345.

Thompson, T., Mason, B., & Montgomery, I. 1999 Worry and defensive pessimism: A test of two intervention strategies. Behaviour Change, 16, 246-258.

Tyler, J. M., & Feldman, R. S. 2004 Truth, lies and self-presentation: How gender and anticipated future interaction relate to deceptive behavior. Journal of Applied Social Psychology, 34, 2602-2615.

Vonk, R. 1998 The slime effect: Suspicion and dislike of likeable behavior toward superiors. Journal of Personality and Social Psychology, 74, 849-864.

Howell, J. M., & Frost, P. J. 1989 A laboratory study of charismatic leadership. Organizational Behavior and Human Decision Processes, 43, 243-269.

Kaplan, K. J., Firestone, I. J., Degnore, R., & Moore, M. 1974 Gradients of attraction as a function of disclosure probe intimacy and setting formality: On distinguishing attitude oscillation from attitude change-study one. Journal of Personality and Social Psychology, 30, 638-646.

Killgore, W. D. S. 2007 Effects of sleep deprivation and morningness-eveningness traits on risk-taking. Psychological Reports, 100, 613-626.

Koehler, J. J. 1993 The influence of prior beliefs on scientific judgments of evidence quality. Organizational Behavior and Human Decision Processes, 56, 28-55.

Langer, E., Blank, A., & Chanowitz, B. 1978 The mindlessness of ostensibly thoughtful action: The role of "placebic" information in interpersonal interaction. Journal of Personality and Social Psychology, 36, 635-642.

Levin, J., & Arluke, A. 1985 An exploratory analysis of sex differences in gossip. Sex Roles, 12, 281-286.

Locke, E. A., & Latham, G. P. 1990 Work motivation and satisfaction: Light at the end of the tunnel. Psychological Science,1, 240-246.

Martin, S. J., Bassi, S., & Dumbar-Rees, R. 2012 Commitments, norms and custard creams – A social influence approach to reducing did not attends (DNAs). Journal of Royal Society of Medicine, 105, 101-104.

Miceli, M. P., & Near, J. P. 2002 What makes whistle-blowers effective? Three field studies. Human Relations, 55, 455-479.

Munichor, N., & Rafaeli, A. 2007 Numbers or apologies? Customer reactions to telephone waiting time fillers. Journal of Applied Psychology, 92, 511-518.

Muñoz Sastre, M. T., Vinsonneau, G., Chabrol, H., & Mullet, E. 2005 Forgiveness and the paranoid personality style. Personality and Individual Differences, 38, 765-772.

Murray, N., Sujan, H., Hirt, E. R., & Sujan, M. 1990 The influence of mood on categorization: A cognitive flexibility interpretation. Journal of Personality and Social Psychology, 59, 411-425.

Nadler, S., & Zemanek, J. E., Jr. 2006 Cultural differences and economic development of 31 countries. Psychological Reports, 99, 274-276.

Naquin, C. E., Kurtzberg, T. R., & Belkin, L. Y. 2010 The finer points of lying online: E-mail versus pen and paper. Journal of Applied Psychology, 95, 387-394.

Newby-Clark, I. R., Ross, M., Buehler, R., Koehler, D. J., & Griffin, D. 2000 People focus on optimistic scenarios and disregard pessimistic scenarios while predicting task completion times. Journal of Experimental Psychology: Applied, 6, 171-182.

Oppenheimer, D. M. 2006 Consequences of erudite vernacular utilized irrespective of necessity: Problems with using long words needlessly. Applied Cognitive Psychology, 20, 139-156.

O'Byrne, R., Hansen, S., & Rapley, M. 2008 "If a girl doesn't say 'no'…": Young men, rape and claims of 'insufficient knowledge'. Journal of Community & Applied Social Psychology, 18, 168-193.

Chiou, W. B., Chang, M. H., & Yang, C. C. 2009 Customers' expectations of complaint handling by airline service: Privilege status and reasonability of demands from a social learning perspective. Psychological Reports, 104, 468-472.

Conrath, D. W. 1973 Communication patterns, organizational structure, and man: Some relationships. Human Factors, 15, 459-470.

Conway, L. G. III 2004 Social contagion of time perception. Journal of Experimental Social Psychology, 40, 113-120.

Decker, W. H., & Rotondo, D. M. 1999 Use of humor at work: Predictors and implications. Psychological Reports, 84, 961-968.

Diehl, M., & Stroebe, W. 1987 Productivity loss in brainstorming groups: Toward the solution of a riddle. Journal of Personality and Social Psychology, 53, 497-509.

Emery, L. F., Muise, A., Dix, E. L., & Le, B. 2014 Can you tell that I'm in a relationship? Attachment and relationship visibility on Facebook. Personality and Social Psychology Bulletin, 40, 1466-1479.

Farley, S. D. 2008 Attaining status at the expense of likeability: Pilfering power through conversational interruption. Journal of Nonverbal Behavior, 32, 241-260.

Fischer, A. H., Eagly, A. H., & Oosterwijk, S. 2013 The meaning of tears: Which sex seems emotional depends on the social context. European Journal of Social Psychology, 43, 505-515.

Fletcher, G. J. O., Kerr, P. S. G., Li, N. P., & Valentine, K. A. 2014 Predicting romantic interest and decisions in the very early stages of mate selection: Standards, accuracy, and sex differences. Personality and Social Psychology Bulletin, 40, 540-550.

Fogarty, J. S., & Youngs, G. A.Jr. 2000 Psychological reactance as a factor in patient noncompliance with medication taking: A field experiment. Journal of Applied Social Psychology, 30, 2365-2391.

Fox, J. R., Park, B., & Lang, A. 2007 When available resources become negative resources: The effects of cognitive overload on memory sensitivity and criterion bias. Communication Research, 34, 277-296.

Gettman, H. J., & Gelfand, M. J. 2007 When the customer shouldn't be king: Antecedents and consequences of sexual harassment by clients and customers. Journal of Applied Psychology, 92, 757-770.

Gilstrap, L. L., Laub, C., Zierten, E. A. & Mueller-Johnson, K. U., 2008 The effects of adult suggestion and child consistency on young children's reports. Journal of Applied Social Psychology, 38, 1905-1920.

Gneezy, U., & Rustichini, A. 2000 Pay enough or don't pay at all. reports. The Quarterly Journal of Economics, 115, 791-810.

Gottman, J. M. 1994 What predicts divorce? The relationship between marital processes and marital outcomes. Hillsdale, NJ: Laurence Erlbaum.

Gupta, S., & Shukla, A. P. 1989 Verbal operant conditioning as a function of extraversion and reinforcement. British Journal of Psychology, 80, 39-44.

Hochwarter, W. A., & Thompson, K. W. 2012 Mirror, mirror on my boss's wall: Engaged enactment's moderating role on the relationship between perceived narcissistic supervision and work outcomes. Human Relations, 65, 335-366.

参考文献

Ackerman, J. M., Nocera, C. C., & Bargh, J. A. 2010 Incidental haptic sensations influence social judgments and decisions. Science, 328, 1712-1715.

Athenstaedt, U., Haas, E., & Schwab, S. 2004 Gender role self-concept and gender-typed communication behavior in mixed-sex and same-sex dyads. Sex Roles, 50, 37-52.

Back, M. D., Schmukle, S. C., & Egloff, B. 2010 Why are narcissists so charming at first sight? Decoding the narcissism-popularity link at zero acquaintance. Journal of Personality and Social Psychology, 98, 132-145.

Bandura, A., & Schunk, D. H. 1981 Cultivating competence, self-efficacy, and intrinsic interest through proximal self-motivation. Journal of Personality and Social Psychology,41, 586-598.

Barling, J., Kelloway, E. K., & Cheung, D. 1996 Time management and achievement striving interact to predict car sales performance. Journal of Applied Psychology, 81, 821-826.

Baron, R. A. 1988 Negative effects of destructive criticism: Impact on conflict, self-efficacy and task performance. Journal of Applied Psychology, 73, 199-207.

Bashaw, R. E., & Grant, E. S. 1994 Exploring the distinctive nature of work commitments: Their relationships with personal characteristics, job performance, and propensity to leave. Journal of Personal Selling & Sales Management, 14, 41-56.

Baskett, G. D. 1973 Interview decisions as determined by competency and attitude similarity. Journal of Applied Psychology, 57, 343-345.

Beilock, S. L., & Carr, T. H. 2005 When high-powered people fail: Working memory and "choking under pressure" in math. Psychological Science, 16, 101-105.

Bluedorn, A. C., Turban, D. B., & Love, M. S. 1999 The effects of stand-up and sit-down meeting formats on meeting outcomes. Journal of Applied Psychology, 84, 277-285.

Bradley, G. L., & Sparks, B. A. 2000 Customer reactions to staff empowerment: Mediators and moderators. Journal of Applied Social Psychology, 30, 991-1012.

Bull, P., & Mayer, K. 1993 How not to answer questions in political interviews. Political Psychology, 14, 651-666.

Bushman, B. J. 2002 Does venting anger feed or extinguish the flame? Catharsis, rumination, distraction, anger, and aggressive responding. Personality and Social Psychology Bulletin, 28, 724-731.

Buss, D. M. 1989 Sex differences in human mate preferences: Evolutionary hypotheses tested in 37 cultures. Behavioral and Brain Sciences, 12, 1-49.

Ceci, S. J., & Kain, E. L. 1982 Jumping on the bandwagon with the underdog: The impact of attitude polls on polling behavior. Public Opinion Quarterly, 46, 228-242.

著者プロフィール
内藤誼人（ないとう・よしひと）

心理学者、立正大学客員教授、有限会社アンギルド代表取締役社長。慶應義塾大学社会学研究科博士課程修了。社会心理学の知見をベースに、ビジネスを中心とした実践的分野への応用に力を注ぐ心理学系アクティビスト。趣味は手品、昆虫採集、ガーデニング。
『すごい！ モテ方』『すごい！ ホメ方』『もっとすごい！ ホメ方』（以上、廣済堂出版）、『ビビらない技法』『「人たらし」のブラック心理術』（以上、大和書房）、『裏社会の危険な心理交渉術』『世界最先端の研究が教える すごい心理学』（以上、総合法令出版）など著書は200冊を超える。

めんどくさい人の取扱説明書
人間関係がラクになる58のコツ

2020年11月1日　初版発行

著者	内藤誼人
発行者	櫻井秀勲
発行所	きずな出版
	東京都新宿区白銀町 1-13　〒 162-0816
	電話 03-3260-0391　振替 00160-2-6333551
	https://www.kizuna-pub.jp
印刷・製本	モリモト印刷

ISBN978-4-86663-124-0